AVEC AMOUR

Kochen *mit Liebe!*

Die schönsten neuen Rezepte der Spitzenköchin Lea Linster

INHALT

Lea Linster

Köchin, Restaurantbesitzerin, Mutter, Kolumnenschreiberin: Lea Linster hat viele Talente. Die temperamentvolle 52-Jährige (im Foto mit Sohn Louis, 17) erkochte sich einen Michelin-Stern und gewann als einzige Frau die Weltmeisterschaft der Köche

»Liebe gehört dazu!«

Avec Amour, mit Liebe – so koche ich für meine Gäste. Und so schreibe ich meine Rezepte für Sie auf. Die sind ganz einfach nachzumachen

Wenn ich abends nach dem Kochen von Tisch zu Tisch durchs Restaurant gehe und die Gäste zufrieden sind – das ist für mich das größte Glück. Scherzhaft sage ich immer: »Eigentlich bin ich Köchin geworden, weil ich Komplimente so sehr liebe.« Es gibt wirklich nur wenige Berufe, in denen man Lob und Anerkennung, Kritik und Misserfolg so direkt und unmittelbar erfährt wie beim Kochen. Denn wie die Schauspieler stehen wir auf einer Bühne und warten ganz gespannt auf unseren Applaus. Jeden Abend haben wir Lampenfieber, ob die neue Kreation gefällt, sind aufgeregt, ob das Zusammenspiel aller Beteiligten wieder einmal perfekt gelingen wird, freuen uns, wenn die Stimmung im Saal gut ist und die Gäste froh sind. Das mag ein bisschen übertrieben klingen, aber ich weiß, wovon ich spreche: Meinen Michelin-Stern habe ich mir schon vor über 20 Jahren erkocht, und ich muss ihn jedes Jahr, jeden Abend neu erringen. Es reicht nämlich nicht, sich auf seinen Lorbeeren auszuruhen. Natürlich ist es schön für mich, dass ich 1989, nach nur fünf Jahren im Beruf, den »Bocuse d'Or« gewonnen habe, die

Das Team in Küche und Service: Marie Vromann, Aurélien Lion, Anthony Maratier, Korbinian Wolf, Alexandre Gérard, Chefin Lea Linster, Frederic Royer, Sylvain Cousin und Dominique Simonnet (von links nach rechts)

Weltmeisterschaft der Köche. Natürlich bin ich noch ein bisschen stolz darauf, dass mich der berühmte Paul Bocuse, der immer mein Vorbild war und heute mein Freund ist, einmal als »Königin des Geschmacks« bezeichnete. Und natürlich liebe ich es, wenn das Fernsehpublikum Beifall spendet und sogar meine kritischen Kollegen – von Lafer bis Witzigmann, von Schuhbeck bis Poletto – mögen, was ich gekocht habe. Aber die wirkliche Herausforderung ist es, jeden Tag den Erwartungen der Gäste zu genügen, von denen viele von weit her anreisen, um einmal bei mir zu essen. Das ältere Ehepaar aus Karlsruhe, das den Hochzeitstag bei mir feiert, und die Frauen aus Hannover, Köln und Frankfurt, die sich zum Geburtstagsmenü bei mir treffen, bekoche ich dabei nicht weniger gern als Minister und Bankdirektoren. Und jeden Tag stelle ich dabei fest, die Freude daran, andere zu verwöhnen, kompensiert all meinen Stress: Ich habe einfach den schönsten Beruf der Welt! Und ganz gleich, auf welchem Niveau ich gekocht habe, früher im Café meiner Eltern oder jetzt in meinem Restaurant, das Allerwichtigste war mir immer die Qualität der Produkte. Was ich wirklich richtig traurig finde, ist, dass es heute so viele Kinder gibt, die gar nicht mehr wissen, wie gut etwas ganz Einfaches, Naturbelassenes schmecken kann. Etwa eine schöne, sonnengereifte Erdbeere, ungedüngt und ungespritzt, frisch vom Feld gepflückt. Ich glaube, so ein Geschmackserlebnis vergisst man nie! Deshalb wünsche ich mir sehr, dass in Zukunft vor allem eins bei unserem Essen zählt: die Qualität. Weil ich genau weiß, wie gute, unverfälschte Lebensmittel schmecken, bemühe ich mich beim Kochen immer, die Produkte der Natur zu veredeln, ohne ihnen ihren Charakter zu nehmen. Ich verwende nur die besten Produkte, möglichst frisch, und behandle sie mit Hochachtung und Respekt, von der Crevette bis zum Lammbraten, von der Zwiebel bis zum Hefeteig. Avec Amour eben.

»Es ist eine Freude,
andere zu verwöhnen.
*Ich habe den schönsten
Beruf der Welt!*«

Willkommen, bienvenue!
Fensterplatz in Lea Linsters
Restaurant in Frisange

»Häppchen machen uns an, machen Lust auf mehr. *Sie flirten mit dem Gaumen. Gelingt dieser Flirt,* und die Geschmackszellen kommen in Stimmung, *wird es echte Leidenschaft* – für diesen Abend.«

Appetizer Nr. 1:
frisch geröstetes Brot

Das Auge isst mit. Auf keine Speise trifft das so zu wie auf Häppchen, die man zum Aperitif reicht. In Frankreich werden sie Amuse-Gueule oder Amuse-Bouche genannt, was so viel wie »Freude des Mundes« heißt. Sie sollen mit ihrer Komposition imponieren, Lust machen auf ein schönes Menü und natürlich den Appetit anregen. Aber dafür gibt es ein ganz einfaches Rezept: Der Duft von frischem Brot lässt das Wasser im Munde zusammenlaufen. Das habe ich schon als Kind gemerkt und mit geröstetem Toast die Gäste in unser Lokal gelockt.

Raffinierter Toast mit
Wachtelei. Seite 14

Petit fours vom Zwiebelkuchen. Seite 14

Raffinierter Toast mit Wachtelei

»Ganz schön niedlich – und sooo schmackhaft!«

• Die Wachteleier lege ich zwei Minuten in kochend heißes Wasser und lasse sie ziehen. Herausnehmen und in Eiswasser damit, dann lassen sie sich besser schälen.
• Die Hühnereier koche ich acht Minuten ganz normal, schrecke sie ab und pelle sie ebenfalls. Die Eigelb löse ich heraus, zerdrücke sie und mische sie mit der Mayonnaise. Diese Creme schmecke ich mit etwas Piment d'Espelette und etwas Meersalz ab.
• Den Schinkenspeck schneide ich nun in klitzekleine Würfelchen – sie sollen nur so groß sein wie ein Stecknadelkopf – und brate sie in einer beschichteten Pfanne kross. Ich lasse den Speck auf Küchenkrepp abkühlen, so verliert er gleichzeitig sein Fett.
• Die beiden Toastbrotscheiben röste ich und bestreiche sie mit der Eiercreme. Jede Scheibe wird geviertelt, darauf kommt je ein Viertel Kirschtomate, ein halbiertes Wachtelei, ein paar Schinkenkrümelchen und etwas frisch geschnittene Kresse.

Wenn Sie etwas von dem feinen Bohnenpüree (Rezept Seite 18) fertig haben, kommt ein kleiner Klacks unter das Ei – dann hält alles gut zusammen!

FÜR 8 STÜCK *Foto Seite 12*

---

4 Wachteleier • 2 Eier • 2 EL Mayonnaise • etwas Piment d'Espelette • Meersalz • 2 hauchdünne Scheiben Schinkenspeck • 2 Scheiben Toast • 2 Kirschtomaten • etwas Kresse

Petit fours vom Zwiebelkuchen

»Meine Allround-Appetizer, die auch mal zum gemütlichen Fernsehabend schmecken ...«

• Ich gebe das Mehl auf die Arbeitsplatte, forme es zu einem Brunnen und tue die weiche Butter und das Salz in die Mitte. Wie für Streusel verarbeite ich alles mit den Fingerspitzen, ab und zu gebe ich etwas Wasser (etwa drei Esslöffel) dazu, damit der Teig nicht zu fest wird und gut bindet. Ich rolle den Teig dann zu einer Kugel und lasse sie in einem verschlossenen Plastikbeutel mindestens zwei Stunden im Kühlschrank ruhen.
• Danach muss der Teig nochmal bei Zimmertemperatur etwas ruhen. Und wird dann mit der Teigrolle auf vier bis fünf Millimeter Dicke ausgerollt.
• Eine Tarte- oder Springform (26 Zentimeter im Durchmesser) ausbuttern, den Teig hineintun und rundherum andrücken. Ich achte dabei darauf, dass sich keine Luft unter dem Teig staut. Außerdem pikse ich den Boden mit einer Gabel dreimal ein. Die Form mit dem Teig stelle ich für eine Viertelstunde in den Tiefkühler.
• Nun schäle ich die Zwiebeln und schneide sie in feine Halbringe. In einer großen Pfanne bringe ich die Butter zum Schmelzen und dünste die Zwiebelringe an. Salzen, pfeffern und nach etwa fünf Minuten Garzeit die Sahne hineingießen. Ich lasse es nun zwölf Minuten leise köcheln. Dann vom Feuer nehmen, etwas Muskat hineinreiben, abschmecken und abkühlen lassen.
• Den Teig hole ich mit der Form aus dem Gefrierfach. Die Zwiebelmasse verrühre ich mit dem Ei und gebe sie in die Form. Bei 180 Grad (Umluft 160 Grad, Gas Stufe 3–4) lasse ich ihn etwa 30 Minuten backen, bis der Zwiebelkuchen schön goldbraun ist. Herausholen, auf einem Gitterrost etwas abkühlen lassen und dann erst in schmale Stücke teilen. Bon appétit!

FÜR 20 STÜCKE *Foto Seite 13*

Teig: 250 g Mehl • 125 g Butter • ½ TL Salz • etwas Butter für die Form
Belag: 400 g Zwiebeln • 20 g Butter • Salz • Pfeffer • 125 g Sahne • etwas Muskat • 1 Ei

Austern-Shooter

»Alle Zutaten müssen gut gekühlt sein – auch die Gläser«

• Zuerst öffne ich die Austern und löse das Fleisch von der Schale. Die Zitrone schäle ich so, dass die weiße Haut mit entfernt wird, und löse dann die Zitronenfilets aus den Trennhäutchen. Danach lege ich mir sechs schöne Zitronenfilets bereit. Ich gebe je eine Auster und ein Zitronenfilet in die vorgekühlten kleinen Gläser und drehe einmal die Pfeffermühle darüber. Noch einen Schuss eisgekühlten Wodka darauf und sofort servieren!

FÜR 6 GLÄSER *Foto oben*

6 frische Austern • 1 Zitrone • Pfeffer • 120 ml Wodka

Tatar vom Tunfisch mit Rauke

»Man braucht hier Tunfisch in Sushi-Qualität, also ganz frischen«

• Den Tunfisch schneide ich in sehr kleine Würfel. Die Oliven werden entkernt, das Fleisch ebenfalls in sehr feine Würfel geschnitten. Ich schäle die Zitrone so dick, dass die weiße Haut mit entfernt ist, und schneide die Zitronenfilets dann aus den Trennhäutchen. Etwa zwei Esslöffel davon gebe ich zu den Tunfischwürfeln, ebenso die Oliven-Brunoise und das fein geschnittene Basilikum. Ich würze alles mit Meersalz und Pfeffer aus der Mühle und mische es locker.

• Das Tatar forme ich mit zwei Esslöffeln zu kleinen Nocken und drapiere es portionsweise mit Raukeblättchen in einem kleinen Schälchen. Voilà!

FÜR 6 PERSONEN *Foto oben*

250 g frischer Tunfisch • 6 schwarze Oliven (ohne Stein) • ½ Zitrone • einige Blätter Basilikum • Meersalz • Pfeffer • ein paar Blätter Rauke

»Liebesgrüße aus dem Süden, *Ihre Gäste* werden begeistert sein!«

Baguette mit Lardo und Bohnenpüree. Seite 18

Nuss-Parmesan-Taler
zum Aperitif. Seite 19

Vom Brotbelag der Arbeiter in den Marmor-Steinbrüchen von Carrara und Colonnata zum Kultobjekt für Feinschmecker: Lardo

Baguette mit Lardo und Bohnenpüree

»Wenn er so elegant daherkommt, darf Speck ruhig mal fett sein«

Frische weiße Bohnen müssen nicht vorgeweicht werden. Wenn ich aber nur getrocknete weiße Bohnen habe, weiche ich sie vor dem Kochen gut ein, am besten über Nacht. So kann ich die Garzeit ordentlich verkürzen! Das Wasser gieße ich ab.

• Also, ich koche meine Bohnen im Kalbsfond etwa 45 Minuten lang, eventuell gieße ich zwischendrin noch etwas Wasser nach. Die Bohnen sollen richtig schön weich sein. Dann püriere ich sie mit dem Stabmixer und streiche sie anschließend auch noch durch ein Haarsieb, damit alles wirklich fein wird. Unter das warme Bohnenpüree rühre ich die Butterflöckchen und schmecke mit etwas Salz ab.

• Vom Baguette schneide ich 25 ganz dünne Scheiben ab und röste sie kurz unter dem Grill. Ich bestreiche sie dünn mit Bohnenpüree und lege locker die Lardo-Scheiben obendrauf. Superbe mit ganz fein geschnittenem frischem Rosmarin, etwas grobem Pfeffer und einem kleinen Raukeblättchen fürs Auge.

Lardo kommt traditionell aus Colonnata in den Apuanischen Alpen im Nordwesten der Toskana. Er wird aus dem festen Rückenspeck frei laufender Landschweine gemacht und reift in Marmortrögen (Conche), die mit Knoblauch eingerieben sind, zusammen mit Salz und Gewürzen (Pfeffer, Salbei, Rosmarin). Die Conche werden mit einer Marmorplatte geschlossen, der Speck reift so sechs bis zehn Monate.

FÜR 25 STÜCK *Foto Seite 16*

250 g weiße Bohnen • 300 ml Kalbsfond (Rezept Seite 45) • 125 g Butter • Salz • ½ Baguette • 125 g hauchdünn geschnittener Lardo di Colonnata • 1 EL Rosmarinnadeln • grober schwarzer Pfeffer • ½ Bund Rauke

Nuss-Parmesan-Taler

»Selbst gebacken, appetitanregend und ganz wunderbar zum Aperitif«

• Die weiche Butter wird zunächst mit den Quirlen des Handrührers geschmeidig gerührt. Ich mische den fein geriebenen Parmesan und das Mehl, dann die Eier und zum Schluss die gehackten Nusskerne unter. Den Teig mit einer Prise Salz und etwas frischem Pfeffer aus der Mühle abschmecken – fertig.

• Diesen Teig gebe ich in einen Plastikbeutel, schneide eine Ecke ab und spritze einen langen Strang von etwa vier Zentimeter Durchmesser auf ein Stück Frischhaltefolie. Gut einwickeln, die Enden wie einen Bonbon zusammendrehen und den Teig im Kühlschrank für eine Stunde ruhen lassen. Danach schneide ich die Rolle in Scheiben, gut einen halben Zentimeter dick. Ich lege ein Blech mit Backpapier aus, gebe die Taler darauf und backe sie etwa 15 Minuten im Backofen, den ich auf 180 Grad vorheize (Umluft 160 Grad, Gas Stufe 3–4). Es kann sein, dass ein bisschen schäumendes Fett austritt – das macht nichts, die Taler werden trotzdem fest und sind die perfekte Begleitung zum Aperitif!

Den Teig kann man gut einfrieren, als ganze Rolle oder auch in einzelne Scheiben geschnitten. Die gefrorenen Scheiben muss man nicht erst auftauen, sondern einfach zwei Minuten länger backen.

FÜR ETWA 50 STÜCK *Foto Seite 17*

100 g Butter • 100 g Parmesan • 100 g Mehl • 2 Eier • 90 g Pinienkerne oder abgezogene Mandeln oder Pistazien oder Walnusskerne (oder eine Mischung) • Salz • Pfeffer

Tomaten-Carpaccio

»Gäste kommen – jetzt aber fix!«

• Wenn ich Tomaten verarbeite, muss ich sie ganz oft enthäuten. Dafür habe ich einen Trick: Ich nehme einen kleinen Bunsenbrenner und brenne die Haut ab. Also: Tomaten waschen und den Strunk herausschneiden. Die Tomaten dann auf eine Edelstahl-Unterlage legen und die Haut anbrennen, bis sie schwarz ist – danach lässt sie sich ganz leicht abziehen, und die Tomaten bleiben vollkommen unbeschädigt und glänzen tiefrot.

• Ich schneide sie in feine Scheiben und die entsteinten Oliven zu einer Brunoise, also erst in Streifchen und dann in feine Würfelchen. Ich gebe Salz und Pfeffer aus der Mühle darüber und träufele feinstes Olivenöl darauf. Noch ein paar kleine Kresseblättchen – fertig!

FÜR 4 PERSONEN *ohne Foto*

4 große Tomaten (z. B. Roma) • 50 g schwarze Oliven • Salz • Pfeffer • 4–6 EL Olivenöl • etwas Kresse

Crostini mit gefrorenem Olivenöl

»Das geht blitzschnell, man muss das Öl nur im Freezer haben«

• Ganz witzig kann man Olivenöl reichen, wenn man es in einer Schüssel im Tiefkühlfach fest werden lässt, bis es die Konsistenz von Butter erreicht. Ich grille dann zwei Zentimeter dicke Baguette-Scheiben, reibe sie mit einer Knoblauchzehe gut ein und tue eine Messerspitze vom festen Öl darauf.

• Nun noch schnell mit den Tomatenstückchen und dem Basilikum dekorieren, mit Meersalz und grob gemahlenem Pfeffer würzen und zum Rosé reichen — schon ist man mitten in der Provence!

FÜR 10 STÜCK *ohne Foto*

125 ml feinstes Olivenöl • ½ Baguette • 1 Knoblauchzehe • 10 getrocknete Soft-Tomaten • 10 Basilikumblätter • Meersalz • Pfeffer

Filo-Cigarettes mit Schafkäse. Seite 22

»Spinat ist sehr *dekorativ*,
er ist nach dem Garen
so grün wie vorher.«

Spinatpäckchen mit Garnelenfüllung. Seite 22

Filo-Cigarettes mit Schafkäse

»Genial und schnell – so mag ich es!«

• Den Filo-Teig gibt es fertig zu kaufen, auf jeden Fall in türkischen Läden. Versuchen Sie, für dieses Rezept eckige Stücke zu bekommen. Aber wenn es nur runde gibt, weiß ich auch einen Trick: Ich schneide sie einfach in der Mitte durch, lege den Teig so übereinander, dass die geraden Seiten außen sind, und gebe die Füllung auf die gerade Seite.

• Also, der fertige Filo-Teig wird ausgelegt und die vier Blätter sorgfältig mit flüssiger Butter bestrichen. Für die Füllung mische ich den zerdrückten Schafkäse mit dem Ei. Ich gebe nur noch sehr sparsam Salz darüber, denn der Feta ist ja schon salzig.

• Die Mischung fülle ich in einen Spritzbeutel und drücke jeweils einen Strang auf die untere Seite des Teiges. Dann rolle ich den ganzen Teig auf – nicht zu fest! – und lege die Teigrollen auf ein mit Backpapier ausgelegtes Blech. Voilà! Bei 150 Grad (Umluft 130 Grad, Gas Stufe 2–3) backe ich sie in etwa 40 Minuten goldbraun und knusprig und schneide sie in appetitliche Häppchen.

Das Gute: Die Teile lassen sich schon vorbereiten: Wenn die Gäste kommen, werden die Filo-Rollen nur noch auf Temperatur gebracht – und fertig sind die köstlichen Appetizer zum Aperitif.

***FÜR 32 HÄPPCHEN** Foto Seite 20*

4 Blätter Filo-Teig, am besten eckig • 75–100 g Butter • 200 g Feta (Schafkäse) • 1 Ei • etwas Salz

Spinatpäckchen mit Garnelenfüllung

»Und als Krönung gibt es eine kleine, feine Safransoße dazu«

• Ich nehme am liebsten die richtig großen Blätter vom Spinat, entstrunke und wasche sie ganz sorgfältig. In einem Topf mit viel kochendem Salzwasser blanchiere ich sie kurz und kühle sie sofort in Eiswasser ab. Ich lege die Spinatblätter auf ein Tuch zum Abtropfen.

• Dann schneide ich aus Frischhaltefolie Quadrate mit einer Seitenlänge von 15 Zentimetern, die ich leicht mit flüssiger Butter bestreiche, und breite ganz flach das Spinatblatt mit der dunkelgrünen glatten Seite nach unten darauf. Wo der Strunk war, lege ich das Blatt etwas übereinander, sonst guckt nachher die Füllung raus, und das gibt Frust.

• Als Füllung nehme ich rohe Riesengarnelen. Ich schäle sie, schneide sie am Rücken ein und entferne den schwarzen Darm. Nun hacke ich die Garnelen fein. Die Petersilie wird gewaschen, von den Stielen gezupft und ebenfalls fein gehackt. Alles schön vermischen und mit Meersalz und Piment d'Espelette würzen.

• Von der Füllung gebe ich jetzt jeweils eine Nocke voll auf das Spinatblatt. Ich schlage es mithilfe der Folie darüber, drehe an den Enden die Folie zusammen und dünste die Päckchen drei Minuten im Dampfgarer oder auf dem Dämpfeinsatz im Topf. Die Folie ab, und ich habe ein köstliches kleines grünes Bällchen.

• Gut schmeckt dazu eine kleine Safransoße. Ich koche den Tomatenfond mit dem Safran auf und reduziere ihn auf die Hälfte. Dann schlage ich die eiskalte Butter in Stückchen unter und schmecke mit etwas Meersalz ab. Die Spinatpäckchen dressiere ich auf einem Teller oder einer Platte, das feine Sößchen serviere ich extra dazu.

***FÜR 12 STÜCK** Foto Seite 21*

300 g Blattspinat mit großen Blättern • Meersalz • Butter zum Einfetten der Folie • 6 Riesengarnelen (ohne Kopf) • 2 Stängel glatte Petersilie • etwas Piment d'Espelette

Safransoße: 200 ml Tomatenfond (Rezept Seite 44) • 1 Briefchen Safranfäden • Meersalz • 75 g Butter

»Probieren gehört natürlich dazu. *Aber doch nicht so …*«

»Ich liebe Jakobsmuscheln,
weil sie so schön karamellisieren.
Und das von ganz allein.«

Jakobsmuschel in lauwarmer Gemüse-Vinaigrette. Seite 25

Jakobsmuschel in lauwarmer Gemüse-Vinaigrette

»Einfach und edel – der Königin der Muscheln angemessen«

• Das weiße Fleisch der Jakobsmuscheln brate ich am liebsten ganz einfach in Butter oder Olivenöl. Weil die Muscheln so schön von selbst karamellisieren, gibt es den einmaligen Geschmack. Nach dem Braten gebe ich etwas Meersalz und Pfeffer aus der Mühle darüber.
• Dann mache ich meine lauwarme Gemüse-Vinaigrette: Ich putze dafür das Gemüse, entkerne und enthäute die Tomate, schneide alles in sehr feine Würfel (Brunoise) und brate es in Olivenöl an. Zum Schluss gebe ich den Balsamessig, den Sherry-Essig, Salz, Pfeffer, Zucker und die Schnittlauchröllchen hinein.
• Die warme Gemüse-Vinaigrette gebe ich auf die gebratenen Jakobsmuscheln und garniere sie eventuell mit etwas Kerbel. Vielleicht noch etwas weißen Pfeffer drübergeben – einfach wunderbar!

Gern serviere ich die Jakobsmuschel als kleine Vorspeise ganz dekorativ in ihrer Schale. Den tiefen Teil der Schale muss ich dafür gut säubern. Wenn genug Zeit ist, lege ich sie in den Geschirrspüler, das klappt bestens. In die Muschelhälfte gebe ich ein paar Blätter Rauke und setze die gebratene Muschel darauf.

FÜR 12 PERSONEN Foto links

12 Jakobsmuscheln • 3 EL Olivenöl oder 25 g Butter • Meersalz • Pfeffer • evtl. Rauke
Gemüse-Vinaigrette: 50 g Fenchel • 1 Schalotte • je ½ kleine grüne, rote und gelbe Paprikaschote • 1 schöne große Roma-Tomate • etwas Olivenöl • 2 EL Balsamico • 4–6 EL Sherry-Essig • Salz • Pfeffer • 1 Prise Zucker • 2 EL Schnittlauchröllchen • etwas Kerbel • evtl. weißer Pfeffer

Jakobsmuscheln

Die große Jakobsmuschel mit ihrer schönen Kalkschale ist die beste aller Muschelarten. Ich liebe diese Muscheln in der europäischen Saison von September bis April (Monate mit „r“), wenn sie vor allem in Frankreich aus dem Atlantik gefischt werden. Ihren Namen bekamen sie übrigens schon im Mittelalter: Die Pilger auf dem Jakobsweg nach Santiago de Compostela benutzten die Schalen zum Essen, Wasserschöpfen und Betteln.
Man muss sie unbedingt in der Schale kaufen – nur dann ist man sicher, dass sie frisch sind und nicht schon ein paarmal tiefgekühlt waren ...

So geht's:

1 Ich halte die Muschel in der Hand, mit der platteren Schale nach oben. Wenn sie ganz fest geschlossen ist, nehme ich ein Messer und gehe damit so zwischen die beiden Schalen, dass die Muschel geöffnet wird, der Muskel soll sich dabei von der oberen Schale lösen.

2 Den graubraunen Kranz mit dem orangefarbenen Corail, dem Rogen, entferne ich. Danach löse ich das Muschelfleisch mit dem Messer ab und lege es in kaltes Wasser. Frische Jakobsmuscheln können sandig sein: Ich kontrolliere sie immer noch mal, bevor sie in die Pfanne kommen – niemand soll auf Sand beißen!

3 Das weiße Fleisch der Jakobsmuscheln muss geputzt werden, bevor es weiterverarbeitet wird: Das Außenhäutchen nehme ich ab und auch das kleine, knorpelige und sehnige Teil – aber vorsichtig, damit es den schönen weißen Muskel nicht zerreißt!

»Gute Suppen & Soßen brauchen eine Basis. *Ihr Geheimnis ist der Fond.* Je besser er gekocht ist, desto mehr Kraft gibt er. *Aus einem schönen Fond lässt sich alles zaubern –* mit Liebe natürlich!«

Höchste Konzentration: Lea Linster am Herd

Eine gute Soße ist immer viel zu kurz – so sagt man bei uns. Und es stimmt ja auch: Die vier oder fünf Löffelchen, mit denen die Fleischstücke, das Fischfilet oder der feine Spargel auf dem Teller nappiert werden, kommen einem oft zu wenig vor. Andererseits haben viele aber auch Angst, dass Soßen nicht so gesund sind, weil sie ja meistens mit ziemlich viel Butter und Sahne zubereitet werden. Ich finde das völlig unbegründet. Eine delikate Soße ist eher wie eine Arznei. In kleinen Mengen genossen ist sie eine wahre Wohltat – weil sie dich froh macht. Bon appétit!

Leas kaltes
Tomatensüppchen. Seite 31

»Kalt oder heiß? Egal.
Eine raffinierte Suppe gehört
für mich einfach ins Menü.«

Consommé Célestine, Seite 30

Consommé Célestine – Kraftbrühe mit Pfannkuchenstreifen

»Sie wird auch in Italien (Celestina) & Österreich (Fritatten) heiß geliebt«

• Ich spüle das Fleisch kalt ab, gebe es in einen ordentlich großen Topf und bringe es mit zwei Liter Wasser langsam zum Kochen. Die Zwiebel halbieren und mit der Nelke und den Lorbeerblättern spicken. Zusammen mit den Pfefferkörnern und der ungeschälten Ingwerwurzel gebe ich sie zum Fleisch. Bei kleiner Hitze lasse ich alles eine Stunde lang gerade eben kochen. Wenn zu viel Wasser verdampft, fülle ich es nach.

• Inzwischen putze ich das Suppengrün, wasche es und schneide es in Stücke. Ich gebe das Gemüse zum Fleisch und koche alles eine weitere Stunde. Danach gieße ich die Brühe durchs Sieb und lasse sie auf anderthalb Liter einkochen. Die Brühe muss schön abkühlen, so kann man das feste Fett abnehmen.

• Zum Klären mische ich Mirepoix, Eiweiß und Hackfleisch und würze mit Salz und frischem Pfeffer. Der Mix kommt in die kalte Brühe, die ich langsam zum Kochen bringe, dabei rühre ich ab und zu um. Wenn sich eine graue, weiche, zusammenhängende Schicht auf der Oberfläche gebildet hat, nicht weiterrühren! Bei kleiner Hitze 30 Minuten ziehen lassen, vom Herd nehmen.

• Jetzt lege ich ein großes Sieb mit einem Mulltuch aus und gieße die Brühe vorsichtig durch. Aufgepasst: In diesem Fall drücke ich die Zutaten nicht aus!

• Für die Pfannkuchen verrühre ich Mehl, Eier, Eigelb und Milch. Ich würze mit Salz und Pfeffer aus der Mühle und rühre gern fein gehackte Petersilie unter. Die Butter zerlasse ich in einer beschichteten Pfanne, gieße die flüssige Butter zum Pfannkuchenteig und verrühre sie. In der Pfanne backe ich nacheinander vier Pfannkuchen, schön dünn sollen sie sein. Ich lege je zwei Pfannkuchen übereinander, forme sie zu einer Rolle und schneide sie in Streifen. Oder ich steche kleine Taler aus dem Teig.

• Ich gebe mein Sträußchen Estragon in die heiße Consommé und lasse es zehn Minuten darin ziehen. Mit Salz abschmecken. In jeden heißen Teller lege ich nun Pfannkuchenstreifen oder -taler, fülle die Consommé ein und serviere sofort – denn heiß muss sie sein!

FÜR 6–8 PERSONEN *Foto Seite 29*

1½ kg Suppenfleisch (z. B. Hoch- oder Querrippe) • 1 Zwiebel • 1 Nelke • 2 Lorbeerblätter • 1 TL Pfefferkörner • 1 Stück Ingwerwurzel • 1 Bund Suppengrün
Zum Brühe-Klären: 150 g Mirepoix (je 1 Zwiebel und 1 Möhre, ganz fein gewürfelt) • 3 Eiweiß • 300 g Rinderhackfleisch • 3 große Prisen Salz • schwarzer Pfeffer (grob gemahlen) • ½ Bund Estragon
Pfannkuchen: 100 g Mehl • 2 Eier • 2 Eigelb • 150 ml Milch (fettarm) • Salz • Pfeffer • evtl. 2 Stängel glatte Petersilie • 40 g Butter

Leas kaltes Tomatensüppchen

»Das Rezept wollte sogar die belgische Königin von mir haben!«

• Ich nehme dafür schöne sonnengereifte Tomaten, am liebsten die Roma aus Italien. Und am allerliebsten natürlich in Bio-Qualität. Gut waschen und den Stielansatz herausschneiden. Mit dem Stabmixer püriere ich sie fein, gebe Salz, Pfeffer aus der Mühle und den Puderzucker hinzu. Alles passiere ich nun durchs Haarsieb und rühre mit dem Schneebesen drei Esslöffel vom Olivenöl und den Sherry-Essig unter. Voilà, das war's schon!

• Diesen Tomatenmix stelle ich für einige Stunden in den Kühlschrank, am besten in einem Behälter aus Edelstahl, denn das Metall leitet Kälte sehr gut und gibt keinen Beigeschmack an Speisen ab.

• Vor dem Servieren rühre ich die kalte Suppe nochmals durch und gebe dann je ein Klößchen vom ganz frischen Ziegenkäse in meine Schalen oder Teller. Ich gieße die kalte Tomatensuppe darüber und dekoriere mit ein paar Tropfen Olivenöl und etwas Minze, die ich in feine Streifen schneide. Wer mag, tut noch ein bisschen zerstoßenen schwarzen Pfeffer obendrauf. Ein wirklich königlicher Genuss.

Ich finde, die Suppe kommt am besten in kleinen Glasschalen oder Gläsern zur Geltung, die ich zum Vorkühlen im Tiefkühlfach aufbewahre.

FÜR 4–6 PERSONEN *Foto Seite 28*

1 kg reife Tomaten (z. B. Roma) • 1 TL Salz • Pfeffer • 1 EL Puderzucker • 4 EL Olivenöl • 2 EL Sherry-Essig • 4–6 TL Ziegenfrischkäse • 8–12 Minzeblätter • evtl. etwas zerstoßener schwarzer Pfeffer

Champignon-Cremesuppe

»Ein Klassiker der feinen Küche«

• Von meinen Champignons schneide ich die Stiele kurz und putze die Pilze, sehr verschmutzte kann man auch kurz abspülen. Ich viertele die Champignons, putze die Zwiebeln und schneide sie – wie immer mit Liebe – in feine Würfelchen. Die kleine Knoblauchzehe wird enthäutet und entkeimt und zusammen mit den Zwiebelwürfeln in der Butter glasig gedünstet. Ich füge die Champignons dazu und stäube das Mehl darüber.

• Nun gieße ich den Gemüsefond an, setze den Deckel drauf und koche alles etwa 30 Minuten bei kleiner Hitze. Die Crème fraîche hinein und die Suppe im Mixer (oder mit dem Stabmixer) möglichst glatt pürieren. Ich schmecke mit Salz und einem Schuss Sherry ab.

• Die Sahne schlage ich halb steif und aromatisiere sie mit dem Sherry. Die getrockneten Steinpilze und den Pfeffer zerkleinere ich im Mörser (oder Blitzhacker). Die Suppe fülle ich in vorgewärmte Teller. Jeweils ein Sahnehäubchen drauf und mit der Pfeffer-Pilz-Mischung und etwas Fleur de Sel bestreuen.

FÜR 4 PERSONEN *Foto unten*

500 g weiße Champignons • 1–2 Zwiebeln • 1 Knoblauchzehe • 20 g Butter • 1–2 TL Mehl • 1 l Gemüsefond (Rezept Seite 44) • 100 g Crème fraîche • Salz • etwas Sherry
<u>Zum Servieren:</u> 75 g Sahne • 1 EL getrocknete Steinpilze • ½ TL schwarze Pfefferkörner • Fleur de Sel

Top zur Champignon-Cremesuppe: Getrocknete Steinpilze und schwarze Pfefferkörner werden im Mörser grob zerstoßen

»Schön, wenn eine Suppe
mit dem Sahnehäubchen
Hochzeit macht …«

Sahnige Fenchelsuppe.
Seite 35

Kräftige Zwiebelsuppe für die Party. Seite 34

Kräftige Zwiebelsuppe

»Bringt gute Laune auf jede Party!«

• Zuerst schäle ich die Zwiebeln und schneide sie, je nach Größe, in Halb- oder Viertelringe. Schön fein natürlich. Ich erhitze die Butter in einem Suppentopf und röste die Zwiebeln darin an. Sie sollen hellbraun – wie karamellisiert – werden. Das dauert gut zehn Minuten, bis sie richtig sind und fast gar.

• Ich bestäube die Zwiebeln mit dem Mehl, rühre sie immer wieder um und lasse das Mehl mitrösten. Nach nur einer Minute ist es passiert! Jetzt gieße ich den lauwarmen Kalbsfond dazu, gebe die Nelke und den Lorbeer hinein und würze mit Salz. Alles muss 20 bis 30 Minuten köcheln. Abschmecken und fertig.

• Vom Baguette schneide ich dann etwa ein bis zwei Zentimeter dicke Scheiben ab und röste sie im Ofen bei 150 Grad kross. Inzwischen reibe ich den Emmentaler fein. So, nun die Suppe in heiße Suppentassen füllen, je eine Scheibe getoastetes Baguette drauflegen und großzügig mit dem Käse bestreuen.

***FÜR 4 PERSONEN** Foto Seite 33*

350 g Zwiebeln • 3 EL Butter • 1 EL Mehl • 1 l Kalbsfond (Rezept Seite 45) • 1 Nelke • 1 Lorbeerblatt • Salz • 4 Scheiben Baguette • 100 g Emmentaler

Zwiebeln

Eigentlich habe ich es der Zwiebel zu verdanken, dass ich meine Rezepte in der BRIGITTE schreiben darf. Ich hatte nämlich in einem Interview behauptet, dass es eine schöne Zwiebel verdient, mit Liebe klein geschnitten zu werden. Und dazu stehe ich auch heute noch!
Zwiebeln müssen kühl und trocken gelagert werden, damit sie nicht keimen. Sie sind übrigens ganz alte Kulturpflanzen, wir nehmen sie schon seit rund 3500 Jahren als Nahrungs-, Würz- und Heilmittel. Sie helfen zum Beispiel bei Herzkrankheiten, gegen Bakterien – und treiben einem die Tränen in die Augen!

So geht's:

Ich wähle mir eine Zwiebel aus, die mir gut gefällt, nicht zu dick und schön fest. Ich schäle sie und schneide sie dann mit einem kleinen, scharfen, rostfreien Küchenmesser. Immer schön von Hand und mit Liebe! Wichtg: Sobald sie geschnitten ist, muss sie verwendet werden, denn Zwiebeln oxidieren sehr schnell und verändern sonst ihr Aroma – es wird unangenehm.

Sahnige Fenchelsuppe

»Fenchel beruhigt. Mitunter sogar schwierige Gäste …«

• Ich putze die Fenchelknollen und befreie sie von allen harten Teilen. Zum Dekorieren lege ich etwas vom Grün beiseite. Dann würfele ich den Fenchel fein. Die Zwiebel schneide ich in sehr feine Würfel, den Knoblauch ziehe ich ab, entkeime und zerdrücke ihn. Die Kartoffel wird ebenfalls geschält und fein gewürfelt.
• Fenchelsamen und Sternanis gebe ich in einen kleinen Teefilter oder ein Gazetuch und schnüre es gut zu. Das Öl erhitze ich in einer Kasserolle und dünste zuerst die Zwiebel, dann den Fenchel darin an. Alles etwa zwei Minuten unter Rühren weiter andünsten lassen. Ich gieße den Hühnerfond hinein, gebe Kartoffelwürfel, Knoblauch und die Gewürze dazu und lasse alles bei kleiner Hitze etwa 30 Minuten schön köcheln. Dann kommen noch die Milch und die Sahne hinein. Das Süppchen muss einmal aufkochen.
• Vorsichtshalber schöpfe ich etwas von der Flüssigkeit ab und stelle sie beiseite. Ich entferne das Gewürzsäckchen, püriere die Suppe mit dem Stabmixer und passiere sie eventuell durch ein feines Sieb. Für den Fall, dass sie zu dick geraten ist, habe ich ja noch was von der Flüssigkeit – die kann ich jetzt unterrühren. Ich schmecke mit Salz, weißem Pfeffer aus der Mühle und etwas Zitronensaft ab. Perfekt!
• In vorgewärmte Teller oder Tassen füllen, jeweils mit einem Löffel geschlagener Sahne, ein paar Tropfen vom feinsten Olivenöl und dem Fenchelgrün dekorieren und nur noch genießen. Bon appétit!

***FÜR 4–6 PERSONEN** Foto Seite 32*

2 Fenchelknollen (ca. 600 g) • 1 Zwiebel • 1 Knoblauchzehe • 1 Kartoffel • ½ TL Fenchelsamen (oder 1 Beutel Fencheltee) • 1 Sternanis • 3 EL Olivenöl • 1 l Hühnerfond (Rezept Seite 45) • Salz • weißer Pfeffer • 100 ml Milch • 100 ml Sahne • 2 TL Zitronensaft
Deko: 4 El Sahne • etwas Olivenöl • etwas Fenchelgrün

Rotes Linsensüppchen

»Kurkuma macht's farbenfroh und schön bekömmlich«

• Die Linsen gebe ich in ein Sieb und wasche sie kalt ab. Die geschälte Zwiebel schneide ich in feine Würfel. Der Knoblauch wird geschält, entkeimt und platt gedrückt.
• Ich erhitze das Olivenöl und dünste die Zwiebel an. Linsen dazu und mit andünsten. Kurkuma, Hühnerfond und Knoblauch zufügen und 20 Minuten leise köcheln.
• Inzwischen brate ich den Speck unterm Grill oder im Backofen kross, lege ihn zum Entfetten auf Küchenkrepp und zerkrümele ihn. Ich zupfe die Blättchen von der gewaschenen Petersilie und hacke sie fein.
• Die Suppe püriere ich mit dem Stabmixer und lasse sie noch einmal aufkochen. Wenn sie zu dünn geraten ist, lasse ich sie einkochen, bis sie eine schöne, cremige Konsistenz hat. Dabei immer munter rühren, damit nichts anbrennt! Mit Salz und Pfeffer abschmecken.
• Voilà, nun fülle ich die Suppe in heiße Teller, steche mit zwei Teelöffeln kleine Nocken von der sauren Sahne ab, die ich auf die heiße Suppe gebe, und streue die Speckbrösel und die Petersilie darüber. Zum Schluss gebe ich gern noch ein paar Tropfen feinstes Olivenöl auf das Süppchen. Lassen Sie sich's schmecken!

***FÜR 4–6 PERSONEN** Foto unten*

200 g rote Linsen • 1 Zwiebel • 1 Knoblauchzehe • 2 EL Olivenöl • ½ TL Kurkuma • 1 l Hühnerfond (Rezept Seite 45) • 4 Scheiben Frühstücksspeck • ½ Bund glatte Petersilie • Salz • Pfeffer • 100 g saure Sahne (stichfest) • etwas feinstes Olivenöl

Buttercroûtons zur Linsensuppe: Weißbrotscheiben (ohne Rinde) fein würfeln und in heißer Butter bei kleiner Hitze goldbraun braten

Mulligatawny – Klassiker aus Indien. Seite 38

»Manchmal habe ich *einen asiatischen Touch* ganz gern. Probieren Sie's aus!«

Kaltes Karottensüppchen mit Ingwersahne. Seite 39

Weiße Bohnensuppe

»Ich liebe sie sehr, denn man kann sie warm und kalt genießen«

• Ich setze die gut eingeweichten Bohnen im Hühnerfond auf, gebe ein Glas Wasser dazu, weil viel Flüssigkeit verdunstet. Alles einmal aufkochen lassen und mit der Kelle abschäumen. Dann tue ich Salbei und Rosmarin hinein – und Pfefferkörner, die ich in ein Gazetüchlein wickle, damit ich sie leicht wieder rausfischen kann. Ich salze erst, wenn die Bohnen schon fast gar sind, sonst bleibt die Haut hart. Etwa eine Stunde Kochzeit brauchen sie, ab und zu gieße ich etwas Wasser dazu.
• Dann Pfeffer, Salbei und Rosmarin herausholen und die Bohnen abgießen, aber den Sud auffangen. Die Hälfte vom Sud gebe ich wieder zu den Bohnen und außerdem die Sahne, die Milch und etwas feinstes Olivenöl. Ich schmecke ab, und wenn die Suppe zu dickflüssig ist, gebe ich einfach noch etwas vom Bohnensud hinein. Die Suppe soll richtig schön samtig sein!
• Ich passiere sie durchs Haarsieb und gebe noch etwas Sherry-Essig und Olivenöl darauf – voilà, das Süppchen wird serviert. Warm im Winter, kalt im Sommer.

Köstlich mit einem Stück gebratenem Kabeljau!

FÜR 4 PERSONEN *Foto unten*

---

300 g weiße Bohnen (getrocknet) • 1 l Hühnerfond (Rezept Seite 45) • 4 Salbeiblätter • 1 Rosmarinzweig • 1 TL weiße Pfefferkörner • Salz • 50 ml Sahne • 50 ml Milch • 4 TL Olivenöl • 4 TL Sherry-Essig

Mulligatawny

»So ist es mit der indischen Küche: Alles muss gut vorbereitet werden«

• Ich würfele die Zwiebeln fein, den Ingwer (ich brauche 45 Gramm) und das Zitronengras. Die Chilischoten schlitze ich auf, schneide sie ebenfalls ganz klein (mit Küchenhandschuhen!) und vermische sie mit Joghurt, gehackten Cashewkernen und 50 Milliliter Wasser.
• Im heißen Öl brate ich Nelken, Kardamom und die kleine Zimtstange an. Ich gebe die Zwiebel- und Ingwerwürfelchen, das Zitronengras und den Chili-Mix dazu. Und die Gewürze: Curry, Koriander und Kurkuma.
• Die Hühnerflügel spüle ich ab und gebe sie mit in den Topf zu den Gewürzen. Ich gieße knapp zwei Liter lauwarmes Wasser an und streue die Haferflocken hinein. Ich würze mit Salz, frischem schwarzem Pfeffer aus der Mühle und Zitronensaft. Dann lasse das Ganze etwa eine Stunde bei kleiner Hitze kochen. Voilà!
• Jetzt kommt die Hühnerbrust dazu. Wenn sie nach weiteren 20 Minuten gar ist, nehme ich sie heraus, lasse sie abkühlen und schneide das Fleisch in Würfel.
• Den Backofen heize ich auf 200 Grad vor (Umluft 180 Grad, Gas Stufe 4). Ich spüle den Basmati ab und bringe ihn mit 200 Milliliter Wasser und Salz in einem ofenfesten Topf zum Kochen. Deckel drauf und den Reis für 13 Minuten im heißen Ofen ziehen lassen. Danach nehme ich ihn aus dem Ofen, lasse ihn weitere fünf Minuten ziehen und lockere ihn dann mit einer Gabel auf.
• Ich zupfe die Korianderblättchen von den Stielen und schneide die Lauchzwiebeln in Ringe. Die Suppe gieße ich durchs Sieb, schmecke ab und halte sie schön heiß. Ich verteile Reis, Hühnerbrust, Lauchzwiebelringe und Korianderblättchen in warme Teller und fülle die Suppe darauf. Und ich serviere immer ein paar Zitronenspalten dazu – falls es manchen doch zu scharf ist!

FÜR 6 PERSONEN *Foto Seite 36*

---

100 g rote Zwiebeln • 60 g Ingwerwurzel • 1 Stängel Zitronengras • 1–2 grüne Chilischoten • 1 EL Vollmilchjoghurt • 1 EL Cashewkerne • 2–3 EL Öl • 3 Nelken • 8 Kardamomkapseln (4 grün, 4 schwarz) • 1 Zimtstange • 1 TL Madras-Curry • 1 TL Koriander (gemahlen) • ½ TL Kurkuma • 1 kg Hühnerflügel • 1 EL Haferflocken • Salz • Pfeffer • Zitronensaft • 250 g Hühnerbrustfilet • 125 g Basmati-Reis • 1 Bund Koriander • 2 Lauchzwiebeln • 1 Zitrone

Kaltes Karottensüppchen mit feiner Ingwersahne

»Von leuchtendem Orange, eiskalt und sehr dekorativ – das ist meine raffinierte Sommersuppe!«

Egal, ob Sie – wie ich – Karotten zu diesem Gemüse sagen oder es Möhren oder Wurzeln nennen: Richtig schön frisch sieht die Suppe aus und hält, was sie verspricht. Dabei ist sie ganz einfach zu machen.

• Ich schneide die Zwiebel – wie immer mit Liebe – ganz fein und dünste sie in Butter an. Dann tue ich die geschälten und in Stückchen geschnittenen Karotten dazu, rühre einmal um und würze sie mit einer Prise Zucker und mit drei Prisen Salz. Ich gebe noch eine gute Prise feines Currypulver und etwas gestoßenen frischen Pfeffer hinein, das gibt der Suppe einen feinen Hauch von Würze, ohne zu dominieren.

• Das Ganze fülle ich nun mit dem Hühnerfond auf und lasse alles 35 bis 40 Minuten gemütlich köcheln. Wenn die Flüssigkeit zu stark reduziert wird, einfach mit etwas Wasser wieder auffüllen.

• Sobald die Karotten schön gar sind, püriere ich die Suppe im Mixerglas oder mit dem Stabmixer – egal. Anschließend muss sie durchs Haarsieb passiert und sofort gut abgekühlt werden. Ich stelle sie dafür einfach in den Tiefkühler. Soll es mal ganz schnell gehen, fülle ich die Suppe in eine Edelstahlschüssel und stelle sie in einer zweiten Schüssel mit Eiswürfeln, Wasser und grobem Salz in den Kühlschrank.

• Als Garnitur für mein Süppchen nehme ich halb steif geschlagene Sahne, die ich mit etwas Salz und Zitrone würze, aber vor allem mit Ingwersaft. Dafür schäle ich ein Stück Ingwerwurzel, hobele es auf einer ganz feinen Reibe und drücke den Ingwer durch ein feines Sieb. So gewinne ich zwei bis drei Teelöffel Saft, der intensiv schmeckt und mir die Sahne nicht faserig macht, wie frischer Ingwer das sonst so an sich hat.

• Die kalte Suppe bringe ich nun mit etwas Hühnerfond in die richtige Konsistenz: Sie soll schön dickflüssig sein, aber keinesfalls so steif wie ein Gemüsepüree! Ich fülle mein Karottensüppchen in Glas- oder feine Porzellanschälchen und verziere es mit der Ingwersahne. Ein Esslöffel davon pro Person ist nicht zu viel – so gut schmeckt das zusammen! Dann noch ein paar feine Ringe von der Frühlingszwiebel obendrauf und einen Teelöffel feinstes Olivenöl – voilà. Wer mag, kann auch noch mit etwas grob gemahlenem frischem Pfeffer würzen und es dann genießen.

Wenn ich den Geschmack einmal etwas heiterer machen möchte, gebe ich zusätzlich etwas Orangensaft in mein Karottensüppchen, das sich übrigens sehr gut einfrieren lässt!

FÜR 6 PERSONEN *Foto Seite 37*

1 Zwiebel • 1 EL Butter • 600 g Karotten • 1 Prise Zucker • Salz • Currypulver • Pfeffer • 1¼ l Hühnerfond (Rezept Seite 45)
Garnitur: 125 g Sahne • Salz • etwas Zitronensaft • 60 g Ingwerwurzel • 1 Frühlingszwiebel • 4 TL Olivenöl

»Selbst gekochter Fond ist *wirklich unentbehrlich.* Ab in den Vorrat damit!«

Crevettenfond. Seite 42

Lea Linster

Crevettenfond

»Eine solide Basis – Krabbenfleisch bringt die Kraft hinein«

• Ich wasche die Krabben kurz ab und tue sie in einen großen Topf. Ich schäle den Sellerie, schneide ihn in grobe Stücke und gebe ihn zu den Krabben in den Topf. Ebenso die Petersilienstängel. Die Porreestange putze ich, halbiere sie längs und füge sie dazu. Nun gieße ich so viel Wasser in den Topf, dass die Krabben gut bedeckt sind (etwa anderthalb Liter). Alles zum Kochen bringen und 20 Minuten bei kleiner Hitze ziehen lassen.
• Ist das geschafft, gieße ich's durchs Sieb. Krabben und Gemüse kommen zurück in den Topf, noch einmal etwa anderthalb Liter Wasser obendrauf, wieder aufkochen und 20 Minuten bei kleiner Hitze ziehen lassen.
• So, nun gieße ich alles wieder ab, mische Crevettenfond eins und Crevettenfond zwei und fülle ihn in Flaschen ab – dann hält er etwa drei Tage im Kühlschrank. Oder ich friere ihn portionsweise ein.

FÜR ETWA 2½ LITER FOND *Foto Seite 40*

1 kg Nordseekrabben in der Schale (alternativ: Grönlandkrabben) • 250 g Knollensellerie • 5–6 Stängel glatte Petersilie • 1 Porreestange

Champignon-Jus

»Ideal für eine exzellente Soße«

• Ich hacke die Pilze im Blitzhacker fein. Ich schneide die Zwiebel in feine Würfel, erhitze die Butter und schwitze die Zwiebelwürfel darin an. Dann die gehackten Champignons dazugeben. Ich salze leicht und lösche nach etwa zwei Minuten mit 30 Milliliter Crémant ab. Zwei Minuten einkochen lassen und den Hühnerfond dazugießen. Nun gebe ich noch zwei Knoblauchzehen und ein Sträußchen Thymian hinein und lasse alles munter bei kleiner Hitze köcheln.
• Nach einer guten Stunde nehme ich den Fond vom Feuer, lasse ihn 15 Minuten ruhen und passiere alles durchs Haarsieb. Ich drücke dabei kräftig mit der Kelle nach, damit nichts vom köstlichen Jus verloren geht!

Den Jus kann man gut einfrieren. Reduziert, mit Butter montiert und Sahne gibt er eine feine Soße zu Huhn, Seezunge, Jakobsmuscheln und Petersfisch.

FÜR ETWA 600 MILLILITER FOND *ohne Foto*

500 g Champignons • 1 Zwiebel • 1–2 EL Butter • Salz • 30 ml Crémant (oder Sekt) • 1–1½ l Hühnerfond (Rezept Seite 45) • 2 Knoblauchzehen • 1 Bund Thymian

Sauce périgourdine – Trüffelsoße

»Trüffeln verzaubern diese Soße«

• Einfach den Kalbsfond mit Madeira und Cognac reduzieren, mit Butter verfeinern, salzen und pfeffern. Dann die sehr fein gehackten Trüffeln unterrühren. Ich lasse das Ganze etwas ziehen, bringe die Soße erst vor dem Servieren wieder auf Temperatur. Nun heißt sie „périgourdine" und ist ein Traum – nicht nur zur getrüffelten Farce im Blätterteig (Rezept Seite 58), sondern auch zu einem Kalbsbraten oder zur Poularde.

FÜR ETWA 150 MILLILITER *ohne Foto*

400 ml Kalbsfond (Rezept Seite 45) • 1 EL Madeira • 1 EL Cognac • 20–25 g Butter • Salz • Pfeffer • 1–2 EL fein gehackte schwarze Trüffeln

Fond de Jacqueline – Leas Geheimwaffe für feine Soßen

»Mein Joker, damit Sie nie über Ihre Soße erschrecken müssen!«

Soßen können zu sauer oder zu bitter werden. Das passiert sogar mir, denn man kann nicht im Voraus wissen, wie ein Wein, Sekt oder Bier beim Einkochen reagieren wird. Für den Fall, dass die Soße nicht zu retten ist, habe ich immer diesen Fond fertig – als Geheimwaffe!

• Ich schäle das Gemüse, wasche es und schneide es klein, die Knoblauchzehen halbiere ich. Ich dünste alles in einem Esslöffel Butter etwa zehn Minuten glasig.

• Jetzt lösche ich das Gemüse mit einer Flasche gutem Sekt ab, am liebsten Blanc de Blanc oder Winzersekt, und lasse ihn zur Hälfte einkochen. Ich gebe den selbst gekochen Hühnerfond dazu, Petersilie, Thymian und Lorbeer. Alles bei kleiner Hitze anderthalb Stunden schön köcheln lassen. Falls es zu sehr einkocht, gebe ich noch Hühnerfond oder Wasser hinein, damit das Gemüse immer bedeckt bleibt.

• Der Fond kann jetzt vom Herd und für etwa 20 Minuten auskühlen, damit sich das Fett absetzt und man es abschöpfen kann. Dann erst passiere ich ihn durch ein Haarsieb. Voilà, der Fond de Jacqueline ist fertig und wird zu allen feinen Soßen weiterverarbeitet, die man zu Fisch, Geflügel, Kalbfleisch oder Gemüse isst.

FÜR ETWA 600 MILLILITER FOND *Foto rechts*

150 g Knollensellerie • 150 g Möhren • 1 dicke Zwiebel • 1 Porreestange (nur das Weiße) • 2 Knoblauchzehen • 1 Fenchelknolle • 100 g weiße Champignons de Paris • 1 EL Butter • 1 Flasche Winzersekt • 2 l Hühnerfond (Rezept Seite 45) • 1 Stängel Petersilie • 1 kleines Bund Thymian • 1 kleines Lorbeerblatt

Soßen auf Basis vom Fond de Jacqueline

Ich lasse 100 Milliliter vom feinen Fond reduzieren und schlage mit dem Schneebesen etwa 50 Gramm kalte Butter in kleinen Stückchen unter den kochenden Fond, ohne den Topf vom Feuer zu nehmen. So verbindet er sich mit der Butter zu einer wundervollen, seidigen Soße. Eine solche Soße nappiert schön den Fisch oder das Gemüse, sie bleibt also haften und verläuft nicht.

VARIANTEN:

Ich aromatisiere die feine Soße nach Lust und Laune: mit frisch geschnittenem Estragon oder Kerbel, mit Schnittlauch oder Salbei, mit Pfeffer aus der Mühle oder Piment, mit Safranfäden oder Kardamom ...

• Wenn ich den Champagnergeschmack unterstreichen will, lasse ich erst 60 Milliliter Champagner, Crémant oder Sekt reduzieren und gebe die Flüssigkeit zum reduzierten Fond, bevor ich die Butter drunterschlage.

Selbst gekochter Fond in Gläsern oder eingefroren ist perfekt als Vorrat. Wenn Sie mal keinen im Haus haben: Es gibt gute Fonds zu kaufen!

Klarer Tomatenfond

»Eigentlich ganz leicht. Sie brauchen nur ein bisschen Geduld …«

• Ich wasche die Tomaten, schneide sie in grobe Stücke und gebe sie in einen großen Topf. Gern nehme ich noch eine Schalotte und eine Knoblauchzehe dazu (beide geschält), das muss aber nicht sein. Ich püriere alles mit dem Stabmixer, koche es einmal auf und salze es.
• Nun lege ich ein Spitzsieb mit einem sauberen Mulltuch aus und gieße das Tomatenpüree zum Abtropfen hinein. Das Püree muss für mindestens drei Stunden abtropfen, am besten aber über Nacht.
• Heraus kommt ein klarer Tomatenfond, den ich für eine Tomatenconsommé, für raffinierte Soßen und auch eine Farce, zum Beispiel für die Schinkenmousse in den Œufs en gélee von Seite 51, verwende.

Der Tomatenfond hält im Kühlschrank mindestens vier Tage. Er lässt sich übrigens auch gut einfrieren.

FÜR ETWA 600 MILLILITER FOND *Foto oben*

1 kg reife Tomaten • Salz • evtl. 1 Schalotte • evtl. 1 Knoblauchzehe

Schneller Gemüsefond

»Absolut notwendig – den sollten Sie immer im Kühlschrank haben«

• Zuerst muss ich das Gemüse putzen, also Möhren, Sellerie und die Petersilienwurzel schälen und in grobe Stücke schneiden und vom Porree das verwelkte oder gelbe Grün entfernen. Den Wurzelansatz vom Porree schneide ich ab. Ich halbiere die Stange längs, wasche sie kalt ab und schneide sie in Stücke.
• Die Zwiebel halbiere ich nur und schäle sie nicht, denn das gibt meinem Fond die schöne Farbe. Den Knoblauch drücke ich etwas platt und halbiere die Tomate. Alles Gemüse kommt mit dem Thymian in einen großen Topf, ich gebe zwei Liter kaltes Wasser darauf, lasse es aufkochen und dann bei kleiner Hitze eine Stunde lang schön köcheln. Zum Schluss muss ich das Ganze nur noch durchs Sieb gießen: Es ergibt etwa anderthalb Liter besten Gemüsefond. Wenn man ihn kräftiger mag, kann man ihn einfach noch einkochen lassen. Ein bisschen Salz dazu – fertig!

Den Fond kann man einfrieren oder in Twist-off-Gläsern luftdicht verschlossen im Kühlschrank aufbewahren. Dafür nochmals aufkochen, heiß in die sauberen Gläser füllen und umgedreht abkühlen lassen. So hält sich der Fond mindestens vier Wochen.

FÜR ETWA 1½ LITER FOND *ohne Foto*

1 großes Bund Suppengrün (Möhren, Knollensellerie, Porree, Petersilienwurzel) • 1 Zwiebel • 1 Knoblauchzehe • 1 Tomate • 1 Bund Thymian • Salz

In Leas Küche geht's international zu: Chris aus den USA, Angelika aus Schweden, in der Mitte Leas Sohn Louis

Leas Hühnerfond

»Ich wäre verloren ohne ihn!«

• Die Zwiebel halbiere ich einfach und röste sie mit der Schnittfläche nach unten in einer beschichteten Pfanne ohne Fett schön dunkel, damit Farbe und Aroma des Fonds stimmen. Das Huhn wird abgewaschen und in einen großen Topf getan. Ich gebe vier Liter Wasser und Salz dazu und lasse alles aufkochen. Den Schaum, der sich bildet, fische ich mit einer Schaumkelle immer wieder ab, so bleibt die Brühe schön klar.

• Inzwischen wasche und putze ich das Gemüse und schneide es klein. Die Kräuter waschen, Gemüse und Kräuter dazugeben und die Hitze reduzieren. Ich lasse alles zwei bis drei Stunden leicht köcheln, bis das Huhn ausgekocht ist. Ich nehme das Huhn heraus, gebe die Brühe durch ein Haarsieb und dann noch einmal durch ein Passiertuch. Wenn Sie es nicht so fett mögen, lassen Sie sie über Nacht abkühlen. Am nächsten Tag können Sie das überschüssige Fett abnehmen.

• Der perfekte Hühnerfond lässt sich gut portionsweise einfrieren oder bis zu drei Tagen im Kühlschrank aufbewahren. Sie können ihn auch kochend heiß in Schraubdeckelgläser füllen, verschließen und umgedreht etwa fünf Minuten stehen lassen. Im Kühlschrank hält er sich so etwa drei Monate.

***FÜR ETWA 2½ LITER FOND** ohne Foto*

1 Zwiebel • 1 Suppenhuhn (etwa 2 kg) • 3 TL Meersalz • 1 Tomate • 1 Möhre • ¼ Sellerieknolle • 1 kleine Stange Porree • 1 Petersilienwurzel • etwas Liebstöckel • 6 schwarze Pfefferkörner • 1 Bund Thymian • 1 Lorbeerblatt

Genialer Kalbsfond

»Edel und doch neutral, so passt er wunderbar zu Fleisch und Geflügel. Und auch er lässt sich einfrieren«

• Ich nehme mageres Kalbfleisch aus der Hüfte, ohne Knochen und Sehnen, und schneide es in sechs Zentimeter lange Stücke. Eine dicke Karotte schneide ich in Scheiben, eine dicke Zwiebel pelle ich und schneide sie fein. Zwei schöne Tomaten werden enthäutet, entkernt und geviertelt. Außerdem brauche ich ein Bouquet garni: Stangensellerie, Petersilienwurzel, Thymian und Lorbeer werden in die Lauchblätter eingewickelt.

• So, nun lasse ich die geklärte Butter im großen Bratentopf sehr heiß werden, brate das Fleisch stramm mit viel Farbe an und gebe etwas Salz und Pfeffer aus der Mühle darüber. Dann kommen Tomaten, Karotte und Zwiebel hinein und werden mit angebraten. Das Ganze lösche ich mit Weißwein oder Marsala ab, lasse es einkochen und gebe einen Liter Wasser, das Bouquet garni und zwei ungeschälte Knoblauchzehen dazu.

• Wenn alles wieder schön kocht, kommt noch einmal ein Liter Wasser dazu. Ich bringe es wieder zum Kochen und lasse das Fleisch dann etwa zwei Stunden leise köcheln. Wenn das Fleisch richtig schön weich und zart ist, hebe ich die Fleischstückchen vorsichtig in einen anderen Topf und fische das Bouquet garni heraus.

• Diese Basis muss jetzt noch einmal mit einem Viertelliter Wasser verdünnt und ein paar Minuten aufgekocht werden. Dabei schöpfe ich den Schaum ab. Dann passiere ich sie durch ein Haarsieb und stelle den Fond zwölf Stunden kalt. Jetzt kann ich das Fett leicht abheben. Den entfetteten Fond koche ich nochmals auf und reduziere ihn nach Bedarf: Je länger er einkocht, desto intensiver wird der Geschmack. Der Schaum muss abgeschöpft werden, die Kelle spüle ich zwischendurch immer wieder ab, damit sie sauber bleibt. Voilà, nun brauchen Sie nur noch schnell zu kochen – die beste Soße, die Sie sich denken können, haben Sie schon!

***FÜR ETWA 600 MILLILITER FOND** ohne Foto*

1,8 kg mageres Kalbfleisch aus der Hüfte • 1 Karotte • 1 Zwiebel • 2 Fleischtomaten • 1 Stange Sellerie • 1 Petersilienwurzel • 1 Bund Thymian • 1 Lorbeerblatt • 2 Blatt Porree • 30 g geklärte Butter (Rezept Seite 113) • Meersalz • Pfeffer • 200 ml Marsala oder Weißwein • 2 Knoblauchzehen

»Die Vorspeise entscheidet, wie der Abend verläuft. *Sie gibt den Rhythmus an, den Takt für das Menü.* Jetzt weiß man schon, wie schnell gegessen wird, *was man sich zu sagen hat,* wie die Atmosphäre ist.«

Frederic Royer, Leas Chef im Restaurant

Wann muss das Hauptgericht in den Ofen – ein großer Lachs zum Beispiel oder eine Lammkeule? Ich verrate Ihnen, das ist ein heikler Moment, der mir in der Küche oft Stress macht. Fängt man zu früh damit an, könnte die Qualität leiden, kommt man zu spät, werden die Gäste nervös. Da ist es wichtig, dass man sich auf seinen Service voll verlassen kann. Frederic, mein Chef im Restaurant, behält zum Glück immer die Übersicht, wie die Stimmung im Saal gerade ist. Und ich gehe zwischendrin auch gern von Tisch zu Tisch und frage meine Gäste, ob sie zufrieden sind.

»Solch delikate Vorspeise eignet sich auch als kleines Abendessen sehr gut.«

Wachtelbrüstchen auf Feldsalat mit Sellerie. Seite 51

Œufs en gelée –
Eier in Gelee. Seite 51

»Kochen ist *zum Glück*
nicht nur harte Arbeit.
Spaß ist immer dabei.«

Wachtelbrüstchen auf Feldsalat mit Sellerie

»Wirklich mal wieder ein Gaumenschmaus der Extraklasse«

• Ich wasche den Feldsalat, putze ihn und trockne ihn mit der Salatschleuder. In einem Tuch bewahre ich ihn erst einmal kalt auf. Den Sellerie schneide ich in feine Scheiben und brate sie in Olivenöl goldbraun. Zwischen Küchenpapier entfetten und warm halten.

• Für die Wachteleier koche ich Wasser auf, nehme es vom Herd und lege die Eier für nur zwei Minuten hinein. Ich schrecke sie in Eiswasser ab – so sind sie perfekt wachsweich gegart, und ich kann sie schälen.

• Nun muss ich nur noch die Wachtelbrüste auslösen, salzen und pfeffern. Zu kompliziert? Es gibt sie schon fertig zu kaufen! Ich brate sie in guter Butter goldig braun, dann hole ich das überflüssige Fett aus der Pfanne und lasse die Brüstchen durchziehen. Den ganz kleinen, köstlichen Jus gebe ich nachher zum Salat.

• Vier Radieschen schneide ich in ganz feine Scheiben und halbiere meine Wachteleier. Die Vinaigrette rühre ich ganz klassisch an: Zuerst nehme ich zwei Esslöffel Essig (gern Melfor), etwas fein geschnittene Schalotte, Salz und Pfeffer. Dann die Öle hinein und den scharfen Senf. Wenn die Soße durch den Senf etwas zu dicht wird, noch ein oder zwei Esslöffel Wasser untergeben. Und zum Schluss fein geschnittene Kräuter.

• Jetzt geht es ans Anrichten: Zuerst vermische ich den Feldsalat mit der Vinaigrette und drapiere ihn in der Mitte eines großen, leicht gewärmten Tellers. Die Selleriescheiben lege ich außen um den Salat, die Wachtelbrüstchen auf den Salat. Die Haut lasse ich nur dran, wenn sie ganz kross geworden ist. Mit den Radieschenscheiben und den Wachteleiern garnieren. Den Fleischjus verrühre ich mit ein bisschen Balsamico und träufele ihn auf die Brüstchen. Etwas Olivenöl und Vinaigrette rund um den Salat und Kresse obendrauf. Mit getoastetem Bauernbrot schmeckt's wunderbar.

***FÜR 4 PERSONEN** Foto Seite 48*

250 g Feldsalat • 120 g Sellerie • 3 EL Olivenöl • 8 Wachteleier • 4–8 Wachtelbrüste • Salz • Pfeffer • etwas Butter • 4 Radieschen • 2 TL Balsamico • 2 TL Olivenöl • Kresse

Vinaigrette: 2 EL milder Essig (z. B. Melfor) • ½ Schalotte • Salz • Pfeffer • 2 EL Traubenkernöl • 2 EL Olivenöl • 1 TL scharfer Senf • Kräuter

Œufs en gelée

»Vorspeisen-Kunst aus Frankreich«

• Zuerst schneide ich allerfeinsten gekochten Schinken in Würfel und püriere ihn fein im Blitzhacker. Nach und nach rühre ich den Tomatenfond unter. Ich weiche die weiße Gelatine in Wasser ein, drücke sie aus und löse sie in wenig heißem Wasser auf. Ich nehme etwas vom Schinkenpüree, verrühre es mit der Gelatine und gebe alles zurück ins Püree. Ich schlage die Sahne steif und hebe sie darunter. Die Mousse schmecke ich mit Piment und etwas Salz ab und stelle sie kalt.

• Für das Gelee weiche ich wieder Gelatine ein. Ich koche die beiden Fonds auf, lasse den Estragon darin ziehen und fische ihn nach fünf Minuten heraus. Die ausgedrückte Gelatine löse ich dann in dem heißen Fond auf und gebe je einen Schuss Sherry-Essig, Balsamico und Madeira dazu. Nun muss ich nur noch meine Eier wachsweich kochen, also sechs Minuten.

• Ich gebe jetzt etwas Fond in jedes Glas und lasse ihn fest werden. Dann fülle ich etwas Schinkenmousse darauf und lasse auch das fest werden. Nun setze ich je ein Ei darauf, bedecke es ganz mit Fond und lasse es fest werden. Zum Schluss spritze ich etwas Schinkenmousse mit einem Spritzbeutel auf das Gelee und dekoriere alles noch mit Kirschtomatenvierteln und Basilikumblättchen. Genießen Sie's!

***FÜR 6 PERSONEN** Foto Seite 49*

6 Eier • 2 Kirschtomaten • 6 Basilikumblättchen

Schinkenmousse: 200 g gekochter Schinken (fettfrei) • 75 ml Tomatenfond (Rezept Seite 44) • 2 Blatt Gelatine • 100 g Sahne • Piment d'Espelette

Gelee: 4 Blatt Gelatine • ¼ l Hühnerfond (Rezept Seite 45) • 100 ml Tomatenfond • 1 Zweig Estragon • 1 TL Sherry-Essig • 1 TL Balsamico • 2 TL Madeira

Rotbarbenfilet auf Blattsalaten mit Croûtons. Seite 55

Pâté – Entenleberterrine.
Seite 54

Klassische Brioche

»Geduld! Der Teig muss gehen …«

• Ich siebe das Mehl in die Schüssel der Küchenmaschine und gebe die zerbröckelte Hefe und den Zucker hinein. Noch zwei dicke Prisen Salz dazu und alles gut vermischen. Die Eier verrühre ich dann mit vier Esslöffel Wasser und gebe sie zum Teig. Jetzt kommen die Knethaken zum Einsatz: Ich nehme die Küchenmaschine, denn der Teig muss wirklich gut verknetet werden. Nach und nach gebe ich dabei auch die Butter in dünnen Scheiben hinein.

• Den Teig lasse ich über Nacht im Kühlschrank gehen. Am nächsten Tag gebe ich ihn mit dem Holzlöffel in eine gebutterte Kastenform von 20 Zentimetern und lasse ihn bei Zimmertemperatur wieder mindestens drei Stunden gehen. Er soll sein Volumen sichtbar vergrößert haben.

• Den Backofen heize ich auf 220 Grad (Umluft 200 Grad, Gas Stufe 5) und backe die Brioche für zehn Minuten. Dann schalte ich die Temperatur auf 170 Grad herunter (Umluft 150 Grad, Gas Stufe 3–4) und backe sie weitere 30 bis 40 Minuten. Damit die Brioche nicht zu dunkel wird, decke ich sie zwischendurch mit Backpapier ab. Die Brioche lasse ich auf dem Kuchengitter auskühlen.

Getoastet ganz wunderbar zur Entenleberterrine!

***FÜR 1 Brioche** Foto oben*

---

250 g Mehl • 10 g frische Hefe • 30 g Zucker • Salz • 3 Eier • 125 g Butter • Butter für die Form

Pâté – Entenleberterrine

»Ich verspreche Ihnen: der Aufwand lohnt sich ganz bestimmt!«

• Zuerst putze ich die Pilze, schneide sie klein. Ich ziehe die Schalotten ab, würfele sie sehr fein. Beides dünste ich in Butter an, gebe die Sahne hinein, lasse alles fünf Minuten köcheln und in der Pfanne ganz abkühlen.

• Ich schneide das Entenfleisch und den fetten Speck in Stücke und entferne die Sehnen aus der Geflügelleber. Fleisch, Speck und Leber werden im Mixer der Küchenmaschine fein zerkleinert oder zweimal durch den Wolf gedreht, damit eine schöne Farce entsteht. Nach und nach rühre ich 100 Milliliter Cognac darunter, die Pilze, das Pastetengewürz, einen Esslöffel Salz und schmecke die Farce noch mit etwas Cognac ab.

• Die Entenleberpastete schneide ich in Würfelchen und hebe sie unter die Farce. Ich lege die Terrinenform dann mit den dünn geschnittenen Scheiben vom durchwachsenen Speck aus und fülle die feine Farce hinein.

• Ich heize den Backofen auf 110 Grad vor, es geht auch mit Gas (auf Stufe 1–2) – aber nicht mit Umluft! Die Terrinenform verschließe ich und stelle sie in einen größeren Bräter. Ich gieße kochendes Wasser an, so dass die Form etwa zur Hälfte im Wasser steht. Die Terrine muss drei Stunden garen. Danach gieße ich die Flüssigkeit aus der Terrinenform, fange sie in einer Schüssel auf und stelle sie kalt. Die Terrine lasse ich auskühlen.

• Für das Gelee entfette ich die kalte Terrinenflüssigkeit und lasse sie mit dem Geflügelfond auf 300 Milliliter einkochen. Inzwischen habe ich die Gelatine eingeweicht, ausgedrückt und löse sie im heißen Fond auf. Nicht mehr kochen! Nur noch mit Salz und Portwein kräftig abschmecken, abkühlen lassen und über die Terrine gießen. Jetzt muss alles über Nacht schön fest werden, damit ich die Terrine in Scheiben schneiden und servieren kann – mit Preiselbeeren und Brioche!

***FÜR 12–15 SCHEIBEN** Foto Seite 53*

---

70 g braune Champignons oder Herbsttrompeten • 100 g Schalotten • 2 EL Butter • 3 EL Sahne • 500 g Entenfilet ohne Haut • 130 g fetter Speck • 160 g Geflügelleber • 130 ml Cognac • 2 TL Pastetengewürz (Muskat, Piment, Zimt, Kreuzkümmel, Edelsüßpaprika) • Salz • 160 g fertige Entenleberpastete • 250 g durchwachsener Speck

Gelee: 400 ml Hühnerfond (Rezept Seite 45) • 4 Blatt weiße Gelatine • Salz • 2–3 EL roter Portwein

Rotbarbenfilet auf Blattsalaten mit Croûtons

»Schritt für Schritt zum Ziel. Und das heißt: unverfälschter Genuss«

• Zuerst mache ich die Sardellenpaste: Dafür spüle ich Sardellenfilets kalt ab und tupfe sie trocken. Die Filets, die abgetropften Kapern und das Olivenöl püriere ich im Mörser oder mit dem Stabmixer. Ich gebe den Fond dazu und streiche alles durchs Haarsieb.

• Für die Vinaigrette enthäute ich die Tomate. Also an der Spitze die Haut über Kreuz einschneiden, mit kochendem Wasser brühen, kalt abschrecken, häuten. Dann halbiere und entkerne ich die Tomate. Das Fruchtfleisch fein würfeln. Ich ziehe die Schalotte ab, halbiere sie und schneide sie in feine Würfel. Die Schalottenwürfel gebe ich in kochendes Wasser, lasse sie einmal aufkochen, gieße sie ab, schrecke sie ab und lasse sie abtropfen. Ich hacke die Oliven fein. Voilà! Den Essig, etwas Salz und Pfeffer aus der Mühle verrühren und das Öl langsam mit einer Gabel unterschlagen. Zum Schluss die Tomaten-, Oliven- und Schalottenwürfel unterrühren.

• Nun kommt der Salat an die Reihe: Ich putze die Salatblätter, wasche sie und tupfe sie trocken. Auf jeden der vier Teller gebe ich dann einen Kreis mit der Sardellenpaste und streue einige Kapern darauf. Ich beträufele die Salatblätter mit der Vinaigrette und richte den Salat in der Mitte der Teller an.

• Für die Croûtons schneide ich die Rinde vom Brot, würfele es fein und brate die Würfelchen im heißen Öl goldbraun. Zum Schluss etwas Salz darüberstreuen.

• Nun endlich kommen die schönen Rotbarbenfilets an die Reihe: Ich spüle sie kalt ab, tupfe sie trocken und entferne eventuell noch vorhandene Gräten. Dann gebe ich etwas Meersalz über den Fisch und brate die Filets im heißen Öl zuerst auf der Hautseite etwa eine Minute an, dann wende ich sie vorsichtig und brate sie kurz fertig. Ich hebe die Filets aus der Pfanne und lasse sie auf Küchenkrepp abtropfen. Mit dem Fleur de Sel und Pfeffer aus der Mühle würzen.

• Die Rotbarbenfilets drapiere ich nun mit den Basilikumblättern auf dem Salat und streue meine knusprigen Croûtons darüber. Ich beträufele alles mit der restlichen Vinaigrette und dekoriere zum Schluss noch jeden Teller mit ein paar Kapern. Bon appétit!

Die Sardellenpaste passt auch prima auf Crostini, die man als Häppchen zum Aperitif isst.

FÜR 4 PERSONEN *Foto Seite 52*

4 Rotbarbenfilets (à ca. 80 g) • Meersalz (Fleur de Sel) • 2 EL Olivenöl • Pfeffer • 4 große Basilikumblätter • 1 TL Kapern
Sardellenpaste: 2 Sardellenfilets (aus dem Glas) • 1 TL Kapern • 2 EL Olivenöl • 3 EL Geflügel- oder Gemüsefond (Rezepte Seite 44/45)
Vinaigrette: 1 feste mittelgroße Tomate • 1 kleine Schalotte • je 4 schwarze und grüne Oliven ohne Stein • 2 EL Weißweinessig • Salz • Pfeffer • 6 EL Olivenöl
Salat: 1 kleiner Radicchio • 50 g Rauke • jeweils einige Blätter Eichblatt- und Friséesalat • Sardellenpaste • 1 TL Kapern
Croûtons: 2 Scheiben Weißbrot • 2 EL Olivenöl

Leichte Sandwiches mit Putenbrust

»Diese Sandwiches sind eine Wucht – und das ganz ohne Brot«

Schon eine Scheibe von einer gebratenen Putenbrust genügt, um ein Sandwich aufblühen zu lassen! Dafür muss man die Putenbrust natürlich selbst braten, und sie muss von wirklich guter Qualität sein: Wie man sie einfach zubereitet, steht im Rezept auf Seite 90.

• Also, zuerst nehme ich große Salatblätter. Das kann ein einfacher Kopfsalat sein oder ein kräftigerer Romaine, Hauptsache, er ist frisch. Ich empfehle Bio-Salat, der ist besser, knackig und hat keinen Nebengeschmack. Darauf streiche ich ganz dünn meine selbst gemachte Mayonnaise und lege zwei Scheiben von der hauchdünn geschnittenen Putenbrust drauf. Dann kommen Scheibchen von Kirschtomaten, eine dünne Scheibe Zucchini, nochmals ein Hauch Mayonnaise (sie hält das Ganze auch sehr schön zusammen). Zum Schluss gebe ich Pfeffer aus der Mühle und einen Hauch Salz darüber, etwas glatte Petersilie oder – besser noch – Kresseblättchen. Alles längs aufrollen oder einfach übereinander klappen und genießen. Wirklich ein Traum!

FÜR 4 PERSONEN *ohne Foto*

1 Kopfsalat oder Romaine • 4 EL Mayonnaise (Rezept Hummersalat Seite 63) • 8 dünne Scheiben Putenbrust (Rezept Seite 90) • 8 Kirschtomaten • 1 kleine Zucchini • Pfeffer • Salz • etwas Kresse oder glatte Petersilie

Getrüffelte Farce in Blätterteig. Seite 58

Champignonsalat mit
Senf-Vinaigrette. Seite 59

Getrüffelte Farce im Blätterteig

»Ich liebe schwarze Trüffeln über alles. Allein ihr Duft versetzt mich immer wieder in Entzücken«

Die echte Trüffel, also die Tuber melanosporum, gab es ursprünglich nur im Périgord. Ich bin ihr dankbar, dass sie im Winter meine Küche enorm veredelt, ohne mir mehr Arbeit zu machen. Am allerbesten ist sie roh, aber als Alternative ist eine sauber eingemachte im Glas auch ganz gut, vorausgesetzt, die Trüffel ist echt.

• Ich schäle die Trüffel nicht, sondern schrubbe sie lieber mit einer kleinen Pilzbürste sehr kräftig, zur Not auch mit Wasser. Mit dem Trüffelhobel schneide ich sie erst in dünne Scheiben, dann in Streifchen und schließlich in kleinste Würfelchen (Brunoise), so gibt sie bestimmt am meisten Geschmack ab. Am erstaunlichsten entfaltet die schwarze Trüffel ihr Aroma übrigens, wenn sie – wie hier – während der Garung eingesperrt ist.

• Damit ich die Farce zubereiten kann, muss das Hühnerfleisch in Stücke geschnitten werden und wirklich eiskalt sein! Ich zerkleinere das Fleisch also in der Küchenmaschine und gebe das Toastbrot ohne Rinde dazu, das ich in etwas Milch eingeweicht und dann ausgedrückt habe. Nochmals zerkleinern und dann die Sahne hinein. Aufgepasst: Auch sie muss eiskalt sein!

• Um eine geschmeidige Farce zu bekommen, schlage ich sie mit einem Holzlöffel in einer Metallschüssel, die ich auf Eis stelle. Ich schlage immer weiter, gebe aber jetzt schon das Salz dazu, damit alles schön bindet und die Farce Stand bekommt. Ist sie gut fest, gebe ich etwas Cognac, die Trüffel-Brunoise und einen Hauch frisch gemahlenen Pfeffer hinein. Voilà!

• Nun rolle ich den Blätterteig, der mit guter Butter gemacht ist, schön dünn aus und steche acht Kreise von 12 Zentimeter Durchmesser aus. Ich lege ein Backblech mit Backpapier aus, lege vier der Blätterteig-Kreise darauf und verteile die Farce gleichmäßig darauf. Am Rand lasse ich etwas Platz, ungefähr einen Zentimeter. Aus den restlichen vier Blätterteig-Scheiben steche ich ein Loch aus der Mitte aus, lege sie auf die Scheiben mit der Farce und drücke sie am Rand rundum fest an.

• Zum Schluss bestreiche ich den Blätterteig mit dem verquirlten Eigelb – so bekommt er seinen Glanz. 12 bis 15 Minuten im heißen Backofen bei 180 bis 200 Grad (Umluft 160 bis 180 Grad, Gas Stufe 3–4) backen und mit ein wenig Trüffelsoße (Rezept Seite 42) servieren. Das schmeckt so herrlich, dass ich lieber nichts sage.

Leider wird die gute, echte schwarze Trüffel – der „schwarze Diamant der Küche" – immer seltener und teurer. Mit Glück bekommt man sie auch tiefgekühlt.

***FÜR 4 PERSONEN** Foto Seite 56*

• 20 g schwarze Trüffeln (3 EL Trüffel-Brunoise)
Farce: 200 g Hühnerbrust • 2 Scheiben Toastbrot
• 2 EL Milch zum Einweichen • 200 g Sahne
• Salz • etwas Cognac • Pfeffer
Blätterteig-Hülle: etwa 350 g Blätterteig • 1 Eigelb

Champignonsalat mit Senf-Vinaigrette

»Superbe – das geht ganz schnell!«

Immer habe ich mir eingebildet, über außergewöhnliche Erziehungskünste zu verfügen. Aber mir muss ein Fehler unterlaufen sein: Mein Sohn Louis weigert sich auch nach 17 Jahren noch, Champignons zu essen!

• Ich liebe meine Champignons de Paris als Salat. Dafür putze ich die schönen weiße Pilze und schneide sie in hauchdünne Scheiben. Ich lege die Scheiben dann wie eine Blüte auf den Teller und dressiere die anderen Pilze in die Mitte. Schnell mache ich eine sämige Senf-Vinaigrette, in die ich zusätzlich etwas flüssige Sahne tue. Ich gebe sie auf die Pilze und bestreue alles mit fein geschnittenen Schnittlauchröllchen. Jetzt nur noch etwas Pfeffer aus der Mühle und ein paar Tropfen Zitronensaft darüber – fertig und ganz wunderbar!

Senf gibt es in vielen Geschmacksrichtungen. Wenn Sie den angegebenen Senf mal nicht im Haus haben – kein Problem! Nehmen Sie einfach Ihren Lieblingssenf.

FÜR 4 PERSONEN *Foto Seite 57*

150 g weiße Champignons • 150 g Austernpilze oder Kräuterseitlinge • ½ Bund Schnittlauch • Pfeffer • ½ Zitrone
Senf-Vinaigrette: 2 EL Sherry-Essig • 2 TL Dijon-Senf • Salz • Pfeffer • 3 EL Traubenkernöl • 3 EL Sahne

Riesengarnelen auf Sommersalat

»Fein asiatisch abgeschmeckt – ein perfekter Genuss«

• Ich fange mit der asiatisch angehauchten Vinaigrette an: Ich verrühre Sherry-Essig, Sojasoße, Salz und Pfeffer. Dann Olivenöl hinein, bis zu dem Säuregrad, den man gern hat, und das geröstete Sesamöl. Ich wasche ein Bund Koriander, schüttle es trocken, schneide von der Hälfte die Blättchen fein und rühre sie darunter.

• Dann putze ich die Prinzessbohnen und blanchiere sie vier Minuten in kochendem Salzwasser, gieße sie ab und lege sie sofort in Eiswasser, damit sie schön grün bleiben. Ich wasche die Blätter vom Frisée und Radicchio, trockne und zerteile sie. Außerdem schäle ich noch ein Stück Rettich und schneide es in feine Streifen. Bis zum Servieren lege ich diese Rettich-Julienne in Eiswasser.

• Jetzt nehme ich ein Stück frischen Ingwer, etwa einen Zentimeter lang, schäle es und würfele es sehr fein. Eine Tomate wird überbrüht, gehäutet, entkernt und das Tomatenfleisch in kleine Stücke geschnitten.

• Ich schäle die Garnelen, schneide sie auf dem Rücken leicht ein und entferne den schwarzen Darmfaden.

• Am besten ist es, die Salatteller anzurichten, bevor die Garnelen in die Pfanne kommen, da sie nur ganz kurz und frisch gebraten werden. Also: die Salatblätter mit etwas Vinaigrette mischen, darauf die abgetropften und trocken getupften Bohnen legen und mit der restlichen Vinaigrette beträufeln. Die Tomatenstückchen leicht zuckern und salzen, mit dem Ingwer mischen und darüberstreuen.

• Nun die Garnelenschwänzchen abspülen, trocken tupfen und in zwei Esslöffel heißem Olivenöl kurz braten, bis sie ordentlich rot geworden sind. Ich salze sie und gebe Pfeffer aus der Mühle oder Piment d'Espelette darauf, verteile sie auf dem Salat und dekoriere mit dem trocken getupften Rettich und Korianderblättchen. Nun muss nur noch die Sonne scheinen!

FÜR 4 PERSONEN *ohne Foto*

100 g Prinzessbohnen • Salz • ½ Frisée • ½ Radicchio • 75 g Rettich • 1 cm Ingwer • 1 Tomate • 16 Riesengarnelen (ohne Kopf) • Zucker • 2–3 EL Olivenöl • Salz • Pfeffer oder Piment d'Espelette • Korianderblättchen
Vinaigrette: 2 EL Sherry-Essig • 2 EL Sojasoße • Salz • Pfeffer • 4–6 EL Olivenöl • 1–2 TL geröstetes Sesamöl • ½ Bund Koriander

Spargel in Schinken an Sauce mousseline. Seite 62

»Jede Speise muss gut aussehen. *Wenn sie ein kleines Geheimnis* verbirgt, umso besser …«

Ravioli aus Sellerie mit Zwiebelschaum. Seite 62

Spargel in Schinken an Sauce mousseline

»Sie wissen es ja: mein absolutes Lieblingsgemüse«

• Los geht es mit dem sorgfältigen Schälen. Ich nehme dicke Stangen und schneide sie auf 15 bis 18 Zentimeter ab, koche sie in Salzwasser mit einem Stück Zucker. Das dauert etwa acht Minuten, sie sollen Biss haben. Ich tauche sie in Eiswasser, so bleiben sie knackig und weiß-gelb. Auf einer Platte gut abtropfen lassen und die trockenen Stangen mit je einer Scheibe hauchdünnem Parmaschinken umwickeln. Alles beiseite stellen.

• Für die Soße schneide ich meine Schalotte mit Liebe in ganz feine Würfelchen und lasse sie mit dem Essig in einem kleinen Topf köcheln, bis er ganz verkocht ist. Ich lösche mit einem Esslöffel Wasser ab und gebe zunächst einen guten Schluck Champagner hinein, dann die Eigelb. Die Eigelb-Champagner-Masse schlage ich mit dem Schneebesen, bis sie schön gebunden ist. Mein Tipp: Leichter geht's auf dem heißen Wasserbad. Inzwischen schmelze ich die Butter in einem kleinen Topf. Die Ei-Emulsion nehme ich vom Herd und gieße die flüssige Butter in einem dünnen Strahl dazu, dabei schlage ich die Masse mit dem Schneebesen weiter. Ich passiere die Soße durch ein Haarsieb und schmecke sie mit Salz und etwas Zitronensaft ab.

• Die umwickelten Spargelstangen brate ich rundum in etwas Butter leicht an. Gleichzeitig lasse ich meinen feinen Balsamico-Essig auf 20 bis 30 Milliliter einkochen.

• Die Sauce mousseline soll schaumig-flüssig sein. Ich erhitze sie noch einmal, sie darf aber keinesfalls kochen! Eventuell verdünne ich sie mit ein wenig Spargelwasser und gebe gern noch einen Esslöffel geschlagene Sahne hinein. Dann einen Spiegel von der Soße auf die leicht gewärmten Teller tun. Der Spargel wird abgetupft und darauf verteilt. Auf Schinkenhöhe gebe ich je einen Teelöffel reduzierten Balsamico und dekoriere mit ein paar frittierten Blättern glatter Petersilie. Perfekt!

FÜR 4 PERSONEN *Foto Seite 60*

20 Stangen weißen Spargel • Salz • 1 Zuckerwürfel • 20 Scheiben Parmaschinken • 2 EL Butter • 50 ml Balsamico • evtl. 12 Blätter glatte Petersilie
Sauce mousseline: 1 Schalotte • 1 EL Weißweinessig • 5 EL Champagner oder Sekt • 2 Eigelb • 80 g Butter • Salz • 1 TL Zitronensaft • 1 EL Sahne

Ravioli aus Sellerie mit Zwiebelschaum

»Sehr raffiniert – und einmal ganz ohne Nudelteig!«

• Ich schäle den Sellerie und halbiere ihn. Am liebsten nehme ich Bio-Sellerie, denn der ist innen ganz bestimmt nicht hohl. Falls Sie aber doch so ein Exemplar erwischen, sollten Sie einfach eine dicke Scheibe abschneiden, bis der Anschnitt ganz ohne Loch ist! Dann vom Sellerie acht möglichst dünne Scheiben schneiden (auf der Aufschnittmaschine geht's am besten, sonst mit dem Küchenmesser) und in sprudelndem Salzwasser eine Minute lang kochen. Ich nehme den Sellerie schnell heraus, lege ihn in Eiswasser und lasse die Scheiben dann auf Küchenkrepp abtropfen.

• Nun lege ich vier quadratische Stücke Frischhaltefolie von zwölf Zentimeter Seitenlänge auf der Arbeitsplatte nebeneinander parat und bestreiche sie mit Öl.

• Ich putze die Lauchzwiebeln und schneide einen Teil vom dunklen Grün für die Dekoration in feine Streifen, alles andere in Ringe. Die grünen Streifen in Butter kurz andünsten und beiseite stellen. Die Zwiebelringe gebe ich in einen Topf und dünste sie ebenfalls in Butter an. Ich gieße Milch und Sahne zu, lasse alles aufkochen und würze mit Salz und Pfeffer aus der Mühle.

• Auf die vorbereiteten Stücke Frischhaltefolie gebe ich jetzt je ein Eigelb. Ich drehe die Folie über dem Ei zusammen und lege die Folien auf einen Dämpfeinsatz. Auf Dampf gare ich sie drei Minuten.

• Auf jeden Teller lege ich zuerst eine Scheibe vom Sellerie. Ich lasse die Eigelb aus der Folie auf je eine Selleriescheibe gleiten und bestreue sie dann mit etwas Fleur de Sel. Ich lege jeweils eine zweite Scheibe Sellerie darauf – voilà, so bekomme ich meine Ravioli! Mit dem Stabmixer schäume ich noch schnell die Lauchzwiebelsoße luftig auf, dressiere sie rund um die Sellerie-Ravioli und dekoriere mit den grünen Lauchzwiebelstreifen. Ganz wunderbar!

Ist Sellerie übrig geblieben? Daraus können Sie leicht das feine Selleriepüree von Seite 131 machen.

FÜR 4 PERSONEN *Foto Seite 61*

1 Knollensellerie • Salz • 1–2 EL Öl • 1 Bund Lauchzwiebeln • 1–2 EL Butter • 150 ml Milch • 50 g Sahne • Pfeffer • 4 Eigelb • Fleur de Sel

Lauwarmer Salat von weißen Bohnen

»Ich finde, schon für die feinen weißen Bohnen lohnt sich die Anschaffung einer Gefriertruhe …«

• Für den Salat setze ich die Bohnen im Fond auf. Wenn ich getrocknete verwende, müssen sie gut einweichen, am besten über Nacht, und dann abtropfen. Ich lasse alles einmal aufkochen und schäume mit einer Kelle ab. Dann tue ich Salbei, Rosmarin und die Pfefferkörner hinein, die ich in ein Gazetüchlein (oder einen Teefilter) wickle, damit ich sie leicht wieder rausfischen kann. Ich salze erst, wenn die Bohnen schon fast gar sind, sonst bleibt die Haut hart! Ab und zu gieße ich etwas Wasser dazu, weil sie viel Flüssigkeit aufnehmen.
• Nach etwa einer Dreiviertelstunde Garzeit ist es so weit: Die Bohnen sind weich, dürfen aber in diesem Fall nicht aufplatzen, so sehen sie besser aus. Ich hole die Gewürze heraus und gieße die weißen Bohnen dann ab. Aufgepasst: den Sud auffangen!
• Ich vermische jetzt den Essig, das Öl, Salz und Pfeffer für die Vinaigrette und gebe noch drei Esslöffel von meinem Bohnensud mit hinein. Dann kommen die fein gehackte Petersilie dazu, das Tomaten-Concassé (fein gewürfeltes Fleisch der gehäuteten Tomaten) und die Bohnen. Die Paprika habe ich entkernt, gehäutet (unter dem Grill schwärzen, dann abziehen) und in feine Würfel geschnitten. Ich hebe sie unter den Salat und aromatisiere mit den Chorizo-Scheiben.
• Nun noch ein paar Hobel Parmesan darüber – fertig ist die feine Vorspeise oder ein kleines Abendessen. Am besten schmeckt mir ein Stück geröstetes Brot dazu, das ich mit einer Knoblauchzehe einreibe.

Weiße Bohnen gibt es im Juli/August nur kurz auf dem Markt. Sie lassen sich gut einfrieren. Getrocknete Bohnen immer gut einweichen – bitte ausprobieren!

FÜR 4 PERSONEN *ohne Foto*

400 g weiße Bohnen oder 200 g getrocknete Bohnen • 300 ml Kalbsfond (Rezept Seite 45) • 3 Salbeiblätter • 1 Rosmarinzweig • 1 TL weiße Pfefferkörner • Salz
Vinaigrette: 2 EL Sherry-Essig • 3 EL Olivenöl • Salz • Pfeffer • glatte Petersilie • 2–3 Tomaten • 1 rote Paprikaschote • 100 g Chorizo (luftgetrocknete spanische Wurstspezialität) • etwas Parmesan

Leas Hummersalat

»Es gibt Leute, die fahren meilenweit für meinen Klassiker«

• Am besten, ich mache erst einmal die Mayonnaise. Dafür verrühre ich Senf und Eigelb von ganz frischen Eiern mit einem Schneebesen in einer Glasschüssel. Dann gieße ich das Öl ganz langsam und unter ständigem Rühren im feinen Strahl zu, so dass sich Öl und Eigelb schön zu einer Mayonnaise verbinden können.
• Die Tomaten überbrühen, abziehen und halbieren. Ich entkerne sie und schneide das Fleisch in feine Würfel, die Estragonblättchen in feine Streifen. Beides gebe ich zur Mayonnaise. Nun träufele ich noch so viel Crevettenfond hinein, bis ich die richtige Konsistenz habe. Dann schmecke ich mit Salz und Pfeffer aus der Mühle ab.
• Ich breche den frisch gekochten Hummer aus der Schale und schneide ihn in mundgerechte Stücke.
• Den Feldsalat putze ich und schleudere ihn trocken. Die schöne reife Mango schälen und in Streifen schneiden.
• Jetzt bereite ich zwei Teller vor: Ich gebe etwas Mayonnaise in die Mitte und richte den Feldsalat darauf an. Die Mangospalten dekoriere ich auf der einen Seite des Salats, auf der anderen verteile ich die Mayonnaise. Auf den Mayonnaise-Spiegel lege ich die Hummerteile, ganz gerecht natürlich! Zum Schluss verrühre ich etwas Olivenöl mit Piment d'Espelette und träufele die Mischung auf die Mangospalten. Genießen Sie's!

Attention: Alle Zutaten für die Mayonnaise müssen Zimmertemperatur haben! Wenn die Eier zu kalt sind, lege ich sie kurz in warmes Wasser.

FÜR 2 PERSONEN *Foto oben*

1 kleiner Hummer, frisch gekocht • 50 g Feldsalat • ½ Mango • 2 EL Olivenöl • Piment d'Espelette
Mayonnaise: 1 TL Senf • 2 Eigelb • 125 ml Traubenkernöl • 2 Tomaten • 2–3 Stängel Estragon • 3 EL Crevettenfond (Rezept Seite 42) • Salz • Pfeffer

»In manchen Dingen
bin ich altmodisch.
Beim Essen muss einfach die Qualität stimmen.
Deshalb suche ich immer nach besten Produkten,
egal ob es Kartoffeln
sind oder Hummer.«

Über die Deutschen sagt man oft, sie hätten die teuersten Küchen und die billigsten Lebensmittel. In Frankreich und Luxemburg ist das ganz anders. Genuss, ein gutes Essen und ein schöner Wein – das ist Kultur. Das ist Lebensinhalt. Das ist Glück! Bei meinem Vater habe ich schmecken gelernt. Er hat mir schon als Kind beigebracht, das Echte vom Unechten zu unterscheiden. Learning by Eating! Und heute? In meiner Küche verarbeite ich am liebsten ungespritztes Obst und Gemüse, nur allerbestes Fleisch und ganz frischen Fisch, der noch nach Meer und Salz und Jod duftet!

Perfekt zum Fisch:
Riesling von der Mosel

Garnelen in Beurre blanc à la vanille. Seite 68

»Wie war das noch? Fisch will schwimmen – *in Butter und Sahne!*«

Sole normande – Seezunge
mit Muscheln. Seite 69

Garnelen in Beurre blanc à la vanille

»Eleganter als diese Beurre blanc kann eine Soße gar nicht sein!«

Für die Beurre blanc braucht man einen kleinen guten Topf, am besten mit einem Herz aus Kupfer, das verteilt die Hitze am besten und kann sie auch halten.

• Ich schneide zunächst eine kleine Schalotte mit Liebe ganz fein. Im Topf lasse ich dann den Champagner mit den Schalottenwürfelchen bei kleiner Hitze so lange reduzieren, bis nur ein bis zwei Esslöffel Flüssigkeit übrig bleiben. Ich gebe zwei Esslöffel Wasser hinzu und die halbe Vanillestange, die ich mit einem kleinen scharfen Messer aufgeschlitzt habe.

• Alles lasse ich nochmals kurz aufkochen, und nun rühre ich mit dem Schneebesen die eiskalte, in Stückchen geschnittene Butter darunter. Es soll sich eine schöne, sämige Soße bilden. Mit einer Prise Salz, dem Orangensaft und einem Tropfen Zitronensaft schmecke ich ab – und lasse die feine Soße kurz stehen, bevor ich die Vanilleschote herausfische: So entfaltet sich das herrliche Aroma noch besser.

• Es ist très chic, Vanille salzig zu genießen. Und diese Soße passt ganz hervorragend zu allen Schalentieren: Hummern, Krabben, Langusten. Ich nehme gern frische Garnelen, die ich schäle (bis auf das Schwanzstückchen) und dann am Rücken mit einem kleinen scharfen Messer einritze, um den schwarzen Darm zu entfernen. Ich brate sie einfach nur ganz kurz in heißer Butter oder neutralem Öl – es ist ein Genuss.

• Dazu mache ich gern Kaiserschoten als Gemüse oder Karotten und Sellerie, in Julienne geschnitten. Oder gedünstete Böden von kleinen Artischocken. Oder sogar ganz kleine, feste Salzkartöffelchen. Meine Beurre blanc mit Vanille ist ein Genuss, ich kann gar nicht aufhören zu schwärmen und mir immer neue Kombinationen auszudenken.

Nur mit Beurre blanc à la vanille und Feldsalat als Garnitur sind die Garnelen eine herrliche Vorspeise.

FÜR 4 PERSONEN *Foto Seite 66*

16 Riesengarnelen (ohne Kopf) • 2–3 EL Butter oder Öl
Für die Soße: 1 Schalotte • 100 ml Champagner • ½ Vanillestange • 100 g Butter • Salz • 1 EL Orangensaft • 1 Tropfen Zitronensaft

Sole normande – Seezunge mit Muscheln

»Raffen Sie sich auf: Hier ist ein selbst gekochter Fischfond nötig«

Die Seezungen lasse ich vom Fischhändler filetieren, nehme aber die Karkassen mit! Aus den Mittelgräten der Seezungen koche ich nämlich den Fond. Dafür die Gräte mit dem fein geschnittenen Gemüse und einem Liter kaltem Wasser in einen Topf geben, zum Kochen bringen und bei kleiner Hitze 15 Minuten ziehen lassen. Ich gieße alles durch ein Sieb, reduziere auf ungefähr 400 Milliliter und schmecke mit Salz und Pfeffer ab.

• Die Filets kontrolliere ich noch einmal auf Gräten und stelle sie abgedeckt kühl. Ich öffne die Austern, löse das Fleisch mit dem Messer, lasse sie aber in der Schale.

• Die Miesmuscheln bereite ich vor wie im Rezept auf Seite 76 beschrieben und dünste sie im Weißwein nur etwa drei Minuten, bis sich die Schalen geöffnet haben. Ich löse das Muschelfleisch aus den Schalen – aber nur das der geöffneten Muscheln! – und stelle es abgedeckt beiseite. Den Muschelsud gieße ich dann durchs Haarsieb zum Fischfond. Voilà!

• Die Seezungenfilets würze ich mit Meersalz und Pfeffer aus der Mühle, brate sie in Butter bei kleiner Hitze von beiden Seiten an, nehme sie aus der Pfanne und stelle sie erst einmal warm.

• Um eine schöne Soße zu bekommen, gieße ich den Fischfond in die Pfanne und lasse ihn zur Hälfte einkochen. Ich gieße den Champagner an und dann Sahne und Eigelb, die ich vorher verrührt habe. Immer fleißig mit dem Schneebesen weiterrühren, bis alles die richtige Konsistenz hat. Die Soße schmecke ich mit Salz, Pfeffer aus der Mühle und etwas Zitronensaft ab.

• Nun gebe ich die Seezungenfilets, das Muschelfleisch, die Krabben und das Austernfleisch in die Soße und erhitze alles – aber nur ganz kurz, und ohne zu kochen!

• Inzwischen habe ich meine Bandnudeln gekocht und sie gut abtropfen lassen. Sie kommen zuerst auf eine angewärmte Platte, dann gebe ich die Seezungenfilets in ihrer feinen Soße darüber und bestreue alles mit einem Hauch geschnittener Kresse.

Bandnudeln gehören für mich dazu, um die wunderbare Soße aufnehmen zu können! Ich mache dafür den Teig von Seite 130. Falls Sie doch einmal gekaufte Pasta nehmen: Greifen Sie dann zu gewalzten Nudeln, die haben eine rauere Oberfläche.

***FÜR 4 PERSONEN** Foto Seite 67*

2 Seezungen (à 400 g) • 4–6 Austern • 500 g Miesmuscheln • 100 ml Weißwein • 400 ml Fischfond • Meersalz • Pfeffer • 50 g Butter • 50 g Nordseekrabbenfleisch • 500 g Bandnudeln • etwas Kresse
Fischfond: Seezungengräten • ¼ Porreestange • ¼ Fenchelknolle • 1 Zwiebel • Salz • Pfeffer
Soße: 100 ml Champagner oder guter Winzersekt • 200 g Sahne • 2 Eigelb • etwas Zitronensaft

VARIANTE:

Seezungenfilets in Estragon-Sahne

• Butter in einer Pfanne erhitzen und die Filets darin braten. Dabei immer schön die Butter erst unter die Filets laufen lassen und dann mit einem Löffel über die Filets schöpfen. Der Fisch braucht nur etwa vier Minuten auf jeder Seite und wird dann warm gestellt.

• Die Pfanne lösche ich mit etwas Champagner oder Sekt, einem Schuss trockenem Sherry und Sahne ab. Etwas Schnittlauch und Estragon hinein und alles ein bisschen einkochen lassen. Zum Schluss ziehe ich ein bis zwei Esslöffel geschlagene Sahne unter meine Soße, schmecke mit Meersalz ab und gebe einen Spritzer Zitronensaft hinein. Schnell und unvergesslich!

»Fisch und Safran – ein *dekoratives Dreamteam.* Großes Kompliment!«

Leas geniale Hechtklößchen. Seite 73

Kalter Lachs mit Estragon-
Mousseline. Seite 73

Paniertes Forellenfilet mit Schnittlauchbutter

»Außen knusprig und innen perfekt gegart – ein Hochgenuss«

• Zum Panieren gebe ich 150 Gramm Mehl durchs Sieb auf einen flachen Teller. Drei Eier und drei Eigelb schlage ich in einen tiefen Teller auf. Und auf einen dritten Teller kommt 200 Gramm Paniermehl, selbst gemacht natürlich. Dafür röste ich Weißbrot ohne Rinde und mahle es im Mixer fein: So einfach geht das!

• Meine Forellenfilets habe ich vom Fischhändler entgräten lassen. Sie werden gewaschen, trocken getupft, mit der Mühle gesalzen und gepfeffert. Zuerst wende ich sie im Mehl und klopfe dann das überflüssige Mehl tüchtig, aber behutsam ab. Die Filets kommen in das Ei, abtropfen lassen. Anschließend wälze ich sie im Paniermehl und klopfe sie wieder ab. Die Filets sollen fein und ebenmäßig paniert sein, das gibt der Forelle Schutz beim Garen und zugleich einen krossen Biss.

• Gebraten werden die Filets in geklärter Butter (oder in Butterschmalz), das braucht nur etwa drei Minuten auf jeder Seite bei mittlerer Hitze. Ich drücke sie dabei schön flach, damit sie gleichmäßig goldgelb garen, und entfette sie hinterher auf Küchenpapier.

• Für die Soße schneide ich die kleine Schalotte fein, gebe den trockenen, nicht zu sauren Weißwein dazu und reduziere alles, bis nur noch zwei bis drei Esslöffel Flüssigkeit im Topf sind. Nun die kalte Butter in kleinen Stückchen mit dem Schneebesen energisch drunterschlagen, schön ein Stück nach dem anderen, damit die Soße bei Temperatur bleibt. Dies mache ich bei kleiner Hitze, sicherer ist es über dem Wasserbad. Salzen, pfeffern und einen Spritzer Zitronensaft hinein. Es steht Ihnen frei, die Soße zu passieren und dann erst zwei Esslöffel ganz fein geschnittenen Schnittlauch dazuzugeben oder die Soße mit der Schalotte zu servieren.

• Auf heißen Tellern richte ich zwei Filets pro Person an. Wenn es ein volles Gericht sein soll, passen kleine, auf Dampf gegarte Kartoffeln dazu. Oder man isst die Filets nur mit der Soße und ein paar frittierten Petersilienblättern. Dazu die ganzen Blätter waschen, abtrocknen und kurz in 180 Grad heißem Öl rösten, bis sie durchsichtig sind. Schnell rausholen und auf Küchenpapier entfetten. Voilà!

Schnittlauch immer erst ganz zum Schluss in die Soße geben, sonst verliert er Farbe und Aroma!

***FÜR 4 PERSONEN** Foto oben*

8 Forellenfilets (à 130 g) • Salz • Pfeffer • 50 g geklärte Butter (Rezept Seite 113) • etwas Petersilie
Panade: 150 g Mehl • 3 Eier • 3 Eigelb • 200 g Paniermehl
Schnittlauchbutter: 1 Schalotte • 100 ml Weißwein (halbtrocken) • 80 g Butter • Salz • Pfeffer • 1 TL Zitronensaft • 2 EL Schnittlauchröllchen

Hechtklößchen an Champagnerschaum

»Cool bleiben: Beim Zubereiten brauchen Sie viele Eiswürfel!«

• Ich weiche das Weißbrot in der kalten Milch ein – es soll die ganze Milch aufsaugen – und stelle es kalt. Das küchenfertige Hechtfilet kontrolliere ich auf Gräten und entferne sie wenn nötig mit einer Pinzette. Ich schneide das Filet in Stücke und lasse es kurz im Tiefkühler anfrieren. Danach püriere ich es im Blitzhacker oder Mixer sehr fein, nehme es heraus und stelle es ebenfalls kalt.
• Ich drücke das eingeweichte Brot leicht aus und püriere es fein. Eigelb, Hechtpüree und die eisgekühlte Sahne zufügen und alles nochmals fein pürieren. Die Schüssel auf Eiswasser stellen. Ebenfalls auf Eiswasser stelle ich eine zweite Schüssel bereit. Ich gebe ein Viertel der Hecht-Masse hinein und würze sie mit etwa einem Esslöffel Salz. Nach und nach rühre ich die ungesalzene Masse unter, so bleibt alles schön fest.
• Ich lege acht Stücke Frischhaltefolie aus. Dann teile ich die Fischmasse in acht Portionen, gebe sie auf die Folie und rolle jede Portion in der Folie ein. Die Enden werden wie ein Bonbon zusammengedreht.
• Die Fischpakete gare ich im Dampfgarer bei etwa 80 Grad 12 bis 15 Minuten lang. Aufgepasst: In kleineren Tischgeräten oder mit dem Dämpfeinsatz im Topf die Hechtklöße bitte portionsweise garen!
• Nun geht's an die Safransoße: Zunächst koche ich den Crevettenfond auf die Hälfte ein, gebe die Safranfäden und die Sahne zu und lasse alles einmal aufkochen. Ich schlage die kalten Butterflöckchen unter ständigem Rühren darunter und schmecke mit Salz ab.
• Für den Schaum lasse ich den Champagner auf die Hälfte einkochen, gieße die Milch hinein und schäume alles mit dem Stabmixer auf.
• Ich nehme tiefe Teller, gebe etwas Safransoße und je ein Hechtklößchen darauf und dekoriere mit Crevetten und dem Champagnerschaum. Sofort genießen!

FÜR 8 KLÖSSCHEN *Foto Seite 70*

2–3 Scheiben Toast ohne Rinde (ca. 50 g) • 150 ml Milch • 500 g Hechtfilet • 1 Eigelb • ½ l Sahne • Meersalz • 100 g Crevetten zum Dekorieren
Safransoße: ¼ l Crevettenfond (Rezept Seite 42) • 3 Fäden Safran • 200 g Sahne • 60 g Butter
Champagnerschaum: 150 ml Champagner • 4 EL Milch

Kalter Lachs mit Estragon-Mousseline

»Das Highlight für jedes Buffet«

• Den schönen Lachs lasse ich von meinem Fischhändler küchenfertig zubereiten. Ich spüle ihn kalt ab, tupfe ihn sorgfältig trocken und reibe ihn innen und außen gut mit Meersalz ein. Die Petersilie spüle ich ab und stecke sie im Ganzen einfach in die Bauchöffnung des Fisches. Die Zitronen heiß abspülen, in Viertel schneiden und ebenfalls hinein in den Bauch!
• Den Lachs lege ich so auf ein Backblech, das ich gut mit Sonnenblumenöl gefettet habe, und heize den Backofen auf 100 Grad (Umluft 80 Grad, Gas Stufe 1) vor. Die Fettpfanne des Backofens kommt auf die untere Schiene und wird mit heißem Wasser gefüllt. Das Blech mit dem Fisch setze ich eine Stufe darüber und gare ihn im Dampf etwa eine Stunde lang. Im ausgeschalteten Ofen noch ungefähr zehn Minuten stehen lassen, dann herausnehmen und abkühlen lassen.
• Für die Soße schlage ich die Eigelb mit den Quirlen des Handrührers auf – machen Sie's ruhig über dem heißen Wasserbad. Den Champagner zufügen und weiterschlagen, bis die Masse dicklich wird. Inzwischen lasse ich die Butter schmelzen und rühre sie nach und nach unter die Eigelbcreme. Wenn die Soße schön dick und cremig ist, ziehe ich die steif geschlagene Sahne unter und den fein geschnittenen Estragon. Ich schmecke mit Zitronensaft, Salz und Tabasco ab.

Falls Sie mal einen großen, unkomplizierten Fisch für Gäste brauchen: Der Lachs schmeckt auch warm!

FÜR 10 PERSONEN *Foto Seite 71*

---

3 kg Lachs (ohne Kopf) • Meersalz • 2 Bund glatte Petersilie • 2 Bio-Zitronen • 2–3 EL Sonnenblumenöl
Mousseline: 4 Eigelb • 300 ml Champagner oder guter Winzersekt • 250 g Butter • 250 ml Sahne • 1 Bund Estragon • 2–3 TL Zitronensaft • Salz • etwas Tabasco

Variation von der Jakobsmuschel. Seite 76

Muscheln in Safran-
Sahne-Soße. Seite 76

Variation von der Jakobsmuschel

»Der Himmel auf Erden! Wie immer nicht ganz leicht zu erreichen …«

• Zunächst brauche ich meinen Nudelteig: Ich verknete das Mehl, das Ei, ein bis zwei Eigelb (je nach Größe), eine gute Prise Salz und das Öl mit der Hand zu einem geschmeidigen Teig. Man kann ihn mit der Hand ausrollen, ich rate Ihnen aber, es mit der Nudelmaschine zu tun, dann wird er viel besser und dünner.

• Dann bereite ich meine Jakobsmuscheln wie üblich vor (siehe Seite 25). Vier davon schneide ich in feinste Würfel (Brunoise). Die vermische ich mit Salz und Pfeffer aus der Mühle und ein paar Schnittlauchröllchen. Eine Bindung braucht die Füllung nicht, die Muscheln halten leicht von allein zusammen.

• Aus dem Nudelteig schneide ich acht Quadrate von etwa zehn Zentimeter Seitenlänge und gebe auf vier davon kleine Häufchen von der Jakobsmuschel-Brunoise. Ich decke sie einfach mit dem zweiten Teigquadrat zu und drücke die Ränder mit einer Gabel fest zusammen. Die Ravioli lasse ich dann in kochendem Salzwasser sechs Minuten bei kleiner Hitze ziehen. Aufgepasst: nicht sprudelnd kochen! Mit einer Schaumkelle fische ich sie heraus und lasse sie abtropfen.

• Inzwischen brate ich die restlichen Jakobsmuscheln im Öl von jeder Seite eine Minute, stecke sie auf Holzspieße und salze sie leicht. Meine Ravioli schwenke ich einfach in etwas geschmolzener Butter mit Schnittlauchröllchen, darauf kommen ein paar hauchdünne Parmesanspäne und etwas Kerbel. Besser geht's nicht!

***FÜR 4 PERSONEN** Foto Seite 74*

12 Jakobsmuscheln • Meersalz • Pfeffer • 1–2 EL Schnittlauchröllchen • 1 EL Olivenöl • 1–2 EL Butter • etwas Parmesan • Kerbel
Nudelteig: 150 g Mehl • 1 Ei • 1–2 Eigelb • Salz • 1 EL Öl

Muscheln in Safran-Sahne-Soße

»Ich liebe Muscheln. Denn mit ihrem Sud ist alles machbar«

Fischfond zu kochen geht einem oft auf die Nerven, mir auch. Allein der Geruch im ganzen Haus! Deshalb liebe ich die Monate mit „r" – dann gibt es Muscheln, und ich kann Fisch mit aufregenden Sößchen machen: Die frischen Muscheln liefern den Fond ganz von allein.

• Zuerst kratze ich die Muscheln sauber. Dann wasche ich sie schnell in eiskaltem Wasser. Aufgepasst: Man darf sie auf keinen Fall im Wasser liegen lassen, sonst verlieren sie ihren Saft, der für die Soße so wichtig ist! Muscheln, die jetzt geöffnet sind, werfe ich weg – sie könnten den Magen und jeden Spaß verderben!

• Ich schneide die Schalotte in feine Würfelchen und dünste sie in etwas Butter an. Ich gieße den Riesling dazu, lasse ihn aufkochen und gebe die Muscheln hinein. Nur etwa zwei bis drei Minuten mit geschlossenem Deckel im Sud kochen lassen, bis sich alle geöffnet haben. Ich hole die Muscheln mit einer Schöpfkelle heraus und werfe alle weg, die sich nicht geöffnet haben.

• Vom Muschelsud messe ich 200 Milliliter ab, gebe ihn durch ein Haarsieb in einen Topf und tue die Eigelb und die Safranfäden hinein. Bei kleiner Hitze rühre ich so lange, bis die Soße andickt. Ich ziehe die Sahne darunter, die ich leicht angeschlagen habe, schmecke mit Salz und ein paar Tropfen Zitronensaft ab – und fertig ist meine herrliche Safransoße.

• Die geöffneten Muscheln präsentiere ich schön aufgereiht oder fächerförmig auf einem heißen Teller. Darüber kommt die feine Soße. Die Teller gebe ich noch mal für zwei bis drei Minuten in den heißen Backofen: Dann kann man es sich schmecken lassen.

Die delikate Safransoße kann man einen Tag kalt stellen oder sogar einfrieren. Sie passt auch fantastisch zu einem schönen Fischfilet: Seezunge zum Beispiel oder Lachs – was man am liebsten hat.

***FÜR 4 PERSONEN** Foto Seite 75*

2 kg Muscheln (Mies- oder Grünlippmuscheln)
Safransoße: 1 Schalotte • etwas Butter • 100 ml Weißwein (am liebsten Riesling) oder Wasser • 3 Eigelb • 3 Safranfäden • 125 g Sahne • Salz • etwas Zitronensaft

Gedämpftes Kabeljaufilet mit Herzmuscheln

»Ein Lieblingsfisch von mir – und dazu noch mit Muscheln veredelt«

• Ich brauche schöne Filets aus dem dicken Rückenstück geschnitten. Aber zuerst bereite ich 500 Gramm Miesmuscheln vor (siehe Seite 76) und koche sie kurz im Weißwein, bis sie sich geöffnet haben. Dann schöpfe ich die Muscheln aus dem Sud und lasse den ganzen Saft im Topf. Das Muschelfleisch nehme ich sofort aus den Schalen, damit es nicht antrocknet, gebe es in ein Schälchen und decke alles gut mit Folie ab.

• Dann wasche ich 500 Gramm Herzmuscheln zwei- bis dreimal in kaltem Wasser. Ich nehme sie mit beiden Händen heraus, damit der Sand unten bleibt. Noch etwas ist wichtig: Ich rieche an jeder einzelnen Muschel! Wenn was nicht perfekt ist, merkt man das. Nichts ist schlimmer, als sich an einer verdorbenen Muschel den Genuss zu vergraulen. Die Herzmuscheln gebe ich in den kochenden Sud der Miesmuscheln. Ich warte nur, dass sie sich öffnen, nehme das Fleisch aus der Schale und lege es zum Miesmuschelfleisch.

• Für die Soße sammle ich den ganzen Muschelsud ein (etwa 100 Milliliter), passiere ihn durch ein Haarsieb in einen anderen Topf und lasse alles aufkochen. Ich gebe zwei bis drei Esslöffel eiskalte Butter und etwas Zitronensaft hinein und nehme die Soße vom Herd.

• Nun setze ich die Filets auf Dampf und gare sie bei 80 bis 90 Grad. Etwa sechs bis acht Minuten – sie sollen nur gerade eben gar sein. Ich tue noch fein geschnittenen Kerbel und Schnittlauch in die Soße, wärme sie auf und erwärme darin das ausgelöste Muschelfleisch.

• Die Fischfilets setze ich auf einen Teller, so kann der Saft ziehen und verdünnt mir die Soße nicht.

• Zum Servieren richte ich den Kabeljau auf anderen Tellern an. Dafür entferne ich die Haut und dressiere die Muscheln mit der Soße obendrauf. Noch ein paar Blättchen Kerbel und Petersilie – voilà! Dazu gibt's Dämpf- oder Salzkartoffeln oder Basmati-Reis.

FÜR 4 PERSONEN
ohne Foto

4 Kabeljaufilets (à ca. 200 g)
• 500 g Miesmuscheln
• 200 ml Weißwein
• 500 g Herzmuscheln
• etwas Kerbel und etwas Petersilie zum Dekorieren
Soße: 30 g Butter
• 1 TL Zitronensaft
• 2 EL Kerbel
• 1 EL Schnittlauchröllchen

Seeteufel à l'amoricaine. Seite 80

Loup en papillote –
Wolfsbarsch in Pergament.
Seite 80

Seeteufel à l'amoricaine

»Ein unsympathischer Fisch? Nein, er muss nur richtig geputzt sein …«

• Vom Fischhändler lasse ich sämtliche Häute abschneiden und abziehen, dann ist der Seeteufel großartig: Sein Fleisch ist schön fest und knallweiß. Den Fisch schneide ich in vier Zentimeter dicke Scheiben, wickle sie in Frischhaltefolie und stelle sie erst einmal kühl.
• Für die Soße braucht man ein bisschen Kochglück: Zunächst putze ich Möhren, Stangensellerie und die Schalotte und schneide alles in feine Würfelchen. Ich nehme zwei reife Tomaten, enthäute und entkerne sie. Das Fruchtfleisch schneide ich auch in kleine Würfel.
• Das Öl in einer tiefen Pfanne erhitzen und die Schalotte andünsten, dann Möhren- und Selleriewürfelchen und das Tomatenmark. Nun gieße ich den Cognac über das Gemüse und flambiere ihn. Ich gebe den Madeira dazu und lasse ihn ausbrennen. Dann erst das Tomatenfleisch hinein und den geputzten, platt gedrückten Knoblauch.
• Ich gieße meinen Crevettenfond an, gebe ein Bund Estragon hinein, Salz und Pfeffer aus der Mühle und die Safranfäden. Zehn Minuten köcheln lassen und dann durchs Haarsieb passieren. Ich schmecke nochmals ab, rühre eine kleine Nuss Butter unter, gebe Piment d'Espelette darüber und einen Esslöffel fein geschnittenen Estragon. Die Soße jetzt bei ausgeschaltetem Herd noch zwei bis drei Minuten ziehen lassen. Fertig!
• Die Seeteufelscheiben tupfe ich trocken und brate sie auf beiden Seiten ziemlich forsch an – halb in Olivenöl, halb in Butter. Attention: Immer erst eine Seite braten und dann erst salzen und pfeffern! Ist der Fisch schön goldbraun, lasse ich ihn noch zwei bis drei Minuten in der heißen Soße durchziehen. Er soll knackig bleiben!
• Ich richte den Seeteufel auf heißen Tellern an, lasse die Soße ganz kurz aufkochen und dressiere sie über den Fisch. Etwas gehackte platte Petersilie ist nett obendrauf, dazu passt wunderbar Basmati-Reis.

FÜR 4 PERSONEN *Foto Seite 78*

4 Seeteufel-Filets (à ca. 100 g) • 2 EL Olivenöl • 2 EL Butter • Salz • Pfeffer
Soße: 50 g Möhren • 50 g Stangensellerie • 1 Schalotte • 160 g Tomaten • 2 EL Olivenöl • ¼ TL Tomatenmark • 3 EL Cognac • 1 EL Madeira • 2 Knoblauchzehen • ½ l Crevettenfond (Rezept Seite 42) • 1–2 Bund Estragon • Meersalz • Pfeffer • 4 Safranfäden • 10 g Butter • etwas Piment d'Espelette • etwas glatte Petersilie

Loup en papillote – Wolfsbarsch in Pergament

»Ein Beweis mehr, dass das Einfache einfach grandios sein kann!«

• Die Fische lasse ich mir vom Händler schon küchenfertig zubereiten, spüle sie nur noch unter kaltem Wasser ab und tupfe sie mit Küchenpapier ordentlich trocken. Mit einem scharfen Messer schneide ich sie an beiden Seiten mehrmals nicht zu tief ein. In die Bauchöffnung der Fische gebe ich Salz und Pfeffer aus der Mühle und lege jeweils einen Thymianzweig und eine geschälte Knoblauchzehe hinein.
• Nun streiche ich ein ausreichend großes Stück Pergamentpapier mit Olivenöl ein, lege einen Fisch darauf, beträufele ihn mit etwas Olivenöl und verpacke ihn. Die Enden muss ich gut zusammenfalten, damit kein Dampf entweichen kann. Den zweiten Loup de mer verpacke ich genauso sorgfältig und lege die beiden Fische dann einfach auf ein Backblech.
• Ich heize den Backofen auf 200 Grad vor (Umluft 180 Grad, Gas Stufe 3) und gare die Fische etwa 12 Minuten. Noch ein paar Minuten ruhen lassen und dann aus dem Papier nehmen. Ich bestreue die köstlichen Fische nur noch mit etwas Fleur de Sel – bon appétit!

In einem solchen Pergament-Päckchen vermählen sich herrlich der Geschmack der Kräuter und der Gewürze. Das Rezept klappt auch mit Doraden, Forellen, Saiblingen und Fischfilets.

FÜR 2 PERSONEN *Foto Seite 79*

2 Loups de mer (à ca. 500 g) • Salz • Pfeffer • 2 schöne Zweige Thymian • 2 Knoblauchzehen • 2 EL Olivenöl • Fleur de Sel

»Jeden *Tag*
in Top-Form –
so koche ich.
Und die Gäste
erwarten es!«

»Ich liebe Geflügel, weil es so zart schmeckt. *Nach Lust und Laune kann ich neu kombinieren.* Das beflügelt mich, und ich verspreche Ihnen: *Meinem guten Huhn* bleibe ich immer treu!«

Markt in Thionville:
Lea Linster beim Einkauf

Überall auf der Welt wird Geflügel zubereitet. In China isst man es wohl genauso gern wie in Italien, in Thailand und in Israel, in den USA und in Indien, in Ägypten und in Frankreich ... Ich glaube, Ente, Pute und vor allem das Huhn konnten sich in den Küchen so gut etablieren, weil ihr Fleisch bekömmlich ist, relativ neutral schmeckt und sich deshalb mit allen Gewürzen der Welt wunderbar verträgt. Huhn zum Beispiel mag Curry und Koriander, Soja und Ingwer, Salbei und Rosmarin, es mag aber auch Petersilie, Kerbel und Schnittlauch. Ich bin froh: Mein Huhn tanzt auf jeder Hochzeit mit!

Puten-Involtini mit frischem Spinat. Seite 86

»Die feine Entenbrust
mag *den eleganten Auftritt.*«

Entenbrust mit Ingwer in Riesling-Jus. Seite 86

Puten-Involtini mit frischem Spinat

»Zwei raffinierte Füllungen bringen Abwechslung ins Leben!«

• Meine feinen Rouladen mache ich aus Putenbrustschnitzeln, die ich zwischen zwei Plastikfolien gut platt klopfe. Ich gebe Salz und Pfeffer aus der Mühle darüber. Und weil jeder zwei bekommt, mache ich auch zwei unterschiedliche Füllungen, dann hat man mehr Spaß.
• Für die Oliven-Involtini werden die Schnitzel mit Tapenade bestrichen. Ich belege sie mit Basilikumblättern, Parmaschinken, getrockneten Tomaten und Parmesanspänen. Dann rolle ich sie der Breite nach zusammen. Ich fixiere sie jeweils mit zwei Zahnstochern.
• Für die Senf-Involtini werden die Schnitzel mit dem Lieblingssenf bestrichen und mit Petersilienblättern belegt. Die Zwiebeln schneide ich in feine Halbringe und sautiere sie einmal kurz in Butter, würze mit Salz, Pfeffer aus der Mühle und ein paar Thymianblättchen. Die Zwiebelmischung gebe ich auf die Schnitzel, die ich aufrolle und feststecke wie die anderen.
• Ich gebe Olivenöl in den Bräter oder die Pfanne, lege alle Involtini hinein und brate sie rundherum gut an. Ich salze und pfeffere leicht und lasse sie dann im Backofen bei 180 Grad (Umluft 160 Grad, Gas Stufe 3) nur etwa 15 bis 20 Minuten fertig braten.
• Dazu serviere ich am liebsten frischen Spinat, einfach geputzt und gewaschen, abgetropft und in heißer Butter geschwenkt. Salz, Pfeffer aus der Mühle und einen Hauch Muskat darüber – fertig.

Wer es sahnig mag, gibt einfach einen Schuss Sahne in den Spinat und darf ihn auch pürieren!

***FÜR 4 PERSONEN** Foto Seite 84*

---

8 dünne Putenbrustschnitzel • Salz • Pfeffer • etwas Olivenöl zum Braten
<u>Olivenfüllung:</u> 4 TL Tapenade (Paste aus schwarzen Oliven) • 8 Basilikumblätter • 4 dünne Scheiben Parmaschinken • 4 getrocknete Tomaten • etwas Parmesan
<u>Senffüllung:</u> 4 TL Senf • 4 Stängel glatte Petersilie • 2 Zwiebeln • 1 EL Butter • Salz • Pfeffer • Thymian
<u>Beilage:</u> 400 g Spinat (200 g TK-Spinat) • 1 EL Butter • Salz • Pfeffer • Muskat

Entenbrust mit Ingwer in Riesling-Jus

»Elegant und köstlich«

• Die Lauchzwiebeln werden im Ganzen blanchiert, also drei Minuten sprudelnd gekocht und anschließend mit kaltem Wasser abgeschreckt. Ich schneide sie bis zum Herzen auf – aber nicht ganz, sie sollen noch zusammenhalten. In einer Pfanne brate ich sie dann in geklärter Butter schön goldbraun.
• Die Haut der Entenbrüste raue ich mit der Gabel auf, damit das Fett austritt. Dann gebe ich Salz und Pfeffer aus der Mühle darüber und brate sie zunächst auf der Hautseite schön braun. Im ausgetretenen Fett brate ich auch die andere Seite braun, das alles dauert etwa acht Minuten. Entenbrüste auf einen Rost legen und den austretenden Jus bitte mit einem Teller darunter auffangen!
• Inzwischen schäle ich den Ingwer, drücke die Hälfte durch die Knoblauchpresse und beträufle die Entenbrüste damit und mit je einem Teelöffel Honig. Den restlichen Ingwer schneide ich dann in feinste Streifen (Julienne). Das Fett gieße ich aus der Pfanne, gebe eine Nuss Butter hinein und frittiere darin den Ingwer. Voilà!
• Die Entenbrüste gare ich im Backofen bei 180 Grad (Umluft 160 Grad, Gas Stufe 3) etwa 12 bis 15 Minuten fertig. Gleichzeitig koche ich den Akazienhonig mit dem Riesling, dem Fond, dem aufgefangenen Enten-Jus, Salz und Pfeffer in einem kleinen Topf auf. Ich lasse alles auf die Hälfte reduzieren, schmecke mit Honig und etwas Balsamico ab und montiere meine feine Soße natürlich noch mit einer Nuss Butter. Ganz wunderbar! Zum Schluss streue ich noch den frittierten Ingwer darauf.

Dekorativ sind kandierte Orangenzesten dazu: aus der Schale einer Bio-Orange Zesten ziehen, dreimal blanchieren und 15 Minuten in Zuckersirup (aus 100 ml Zucker und 100 ml Wasser) garen. Ich lasse sie im Sirup abkühlen, so kandieren sie richtig.

***FÜR 4 PERSONEN** Foto Seite 85*

---

2 Entenbrüste (à ca. 350 g) • Salz • Pfeffer • 20 g frischer Ingwer • 2 TL Akazienhonig • 1 EL Butter
<u>Soße:</u> 2 EL Akazienhonig • 200 ml Riesling (halbtrocken) • 200 ml Kalbsfond (Rezept Seite 45) • Salz • Pfeffer • Balsamico • 1–2 EL Butter
<u>Garnitur:</u> 8 Lauchzwiebeln • 2 EL geklärte Butter (Rezept Seite 113)

Gefüllte Hähnchenbrust in Blätterteig

»Über die wunderbare Kombination freut sich der Gaumen: knuspriger Blätterteig und eine saftige Füllung«

• Ich wasche die Hähnchenbrustfilets kalt ab, tupfe sie trocken und gebe etwas Salz und Pfeffer aus der Mühle darüber. Von jeder Seite brate ich sie nur ein bis zwei Minuten in heißer Butter an. Auf einem mit Küchenkrepp belegten Rost abtropfen und abkühlen lassen. Voilà!

• Dann putze ich die Champignons und hacke sie fein. Ich ziehe die kleine Schalotte ab, würfele sie mit Liebe fein und dünste sie in einem Esslöffel Butter glasig. Die Champignons dazugeben, mit Salz und Pfeffer aus der Mühle würzen und zehn Minuten bei mittlerer Hitze dünsten, bis die Flüssigkeit verdampft ist. Ich gieße die Sahne an, lasse sie ein bis zwei Minuten einkochen und nehme die Pfanne vom Herd. Ich würfele den Schinken fein und mische ihn mit den abgekühlten Pilzen.

• Ich lege nun je zwei der rechteckigen Blätterteigplatten übereinander und rolle sie auf wenig Mehl dünn aus. Daraus schneide ich vier runde Fladen, die sollen einen Durchmesser von 20 bis 24 Zentimetern haben. Ich lege die Teigkreise dann auf ein Backblech und stelle sie erst einmal in den Tiefkühler.

• Die Hähnchenbrustfilets schneide ich zweimal der Länge nach tief ein und fülle jeweils ein bis zwei Esslöffel von meiner Champignonmischung hinein. Ich lege jeweils ein Filet auf die untere Hälfte eines Teigfladens. Die Teigränder bestreiche ich mit Eigelb und klappe die obere Teighälfte über das Fleisch. Attention: Den Rand muss man fest andrücken, ohne ihn zu quetschen!

• Inzwischen habe ich den Backofen schon auf 200 Grad vorgeheizt (Umluft 180 Grad, Gas Stufe 4). Schnell bestreiche ich die Teigpäckchen mit dem restlichen Eigelb und verziere sie gern noch mit einer Gabel – Sie wissen ja: Das Auge isst mit! Ich lege ein Backblech mit Backpapier aus und backe die Teigtaschen schön goldbraun, das dauert etwa 15 bis 20 Minuten.

• Inzwischen putze ich die Pilze, große halbiere ich. Ich brate sie in der heißen Butter an und gebe etwas Salz und Pfeffer aus der Mühle darüber. Die Pilze lasse ich so lange weiterbraten, bis die Flüssigkeit fast verdampft ist, dann nehme ich sie aus der Pfanne. Ich gieße den Hühnerfond hinein und lasse ihn etwas einkochen. Den Sherry dazugeben, die Soße mit der eiskalten Butter montieren und auf den Tellern über die Pilze geben.

Wie immer zu hellem Geflügel ist Spinat, den ich nur in etwas Butter schwenke, die ideale Beilage.

FÜR 4 PERSONEN *Foto oben*

4 einzelne Hähnchenbrustfilets (à ca. 130 g) • Salz • Pfeffer • 2–3 EL Butter • 200 g Champignons • 1 Schalotte • 50 g Sahne • 1 dünne Scheibe gekochter Schinken ohne Fett (50 g) • 420 g TK-Blätterteig • etwas Mehl • 1 Eigelb

Pilzbeilage: 250 g Pfifferlinge (oder braune Champignons) • 1 EL Butter • Salz • Pfeffer

Soße: 200 ml Hühnerfond (Rezept Seite 45) • 2–3 EL trockener Sherry • 20 g Butter

»Die schöne Aurora ist Patin
dieses schönen Hühnchens.
Einfach zum Verlieben!«

Poularde belle aurore. Seite 90

Kaninchen in Zimtsoße mit feinen Möhrchen. Seite 91

Geschmorte Putenbrust

»Kalt schmeckt sie mir fast am besten«

• Das Putenfilet wird einfach nur gesalzen und gepfeffert und in Butter rundum goldbraun angebraten. Ich lege es dann in einen Bräter mit etwas Gemüse: Zwiebel, Sellerie, Thymian, zwei bis drei Knoblauchzehen und ein bis zwei Tomaten – die sorgen für eine dezente Säure, die das Fleisch nur noch schmackhafter machen. Den Deckel drauf. Mehr braucht es nicht.

• Die Garzeit hängt von der Temperatur des Fleisches ab. Wenn es beim Anbraten Zimmertemperatur hat, braucht die Putenbrust etwa 30 Minuten bei 180 Grad (Umluft 160 Grad, Gas Stufe 3) im Ofen. Während der Garung übergieße ich sie zwei- bis dreimal mit dem eigenen Saft. Ist sie fertig, lasse ich sie auf dem Rost abkühlen, abgedeckt mit Alufolie, damit sie nicht austrocknet. Einmal abgekühlt und sorgfältig in Frischhaltefolie eingewickelt, lässt sie sich im Kühlschrank gut durchkühlen, so dass man sie dünn schneiden und die köstlichsten Leckereien mit ihr machen kann.

Probieren Sie doch einmal meine leichten Sandwiches mit Putenbrust von Seite 55.

FÜR 4 PERSONEN *ohne Foto*

600 g Putenbrustfilet • Salz • Pfeffer • 2 EL Butter • 1 Zwiebel • 100 g Knollensellerie • 1 Bund Thymian • 2–3 Knoblauchzehen • 1–2 Tomaten

Poularde belle aurore

»Sie wird erst richtig gut durch einen richtig guten Wein«

• Die schöne Poularde teile ich in acht Stücke, spüle sie kurz kalt ab und tupfe sie gut trocken. Ich würze das Fleisch mit Salz und gebe Pfeffer aus der Mühle darüber. Dann zerlasse ich die Butter in der Pfanne und dünste die Poulardenstücke an. Aufgepasst: Das Fleisch soll nicht braun werden! Die Bruststücke nehme ich heraus und stelle sie erst einmal beiseite.

• Thymian, glatte Petersilie und Knoblauch wickele ich ins Lorbeerblatt und verschnüre mein Bouquet garni mit Küchengarn. Ich gebe es zum restlichen Fleisch in die Pfanne und gieße den Wein an. Deckel drauf und alles 20 Minuten leise köcheln lassen. Danach die Bruststücke zufügen und weitere 20 Minuten schmoren.

• Nun ist das Fleisch gut, ich kann es herausnehmen und in einer tiefen Schale warm stellen. Ich fische das Bouquet garni heraus, verrühre Eigelb und Sahne und rühre die Mischung in den Schmorsud. Attention: die Soße jetzt nicht mehr kochen lassen! Ich schmecke mit Zitronensaft, Salz und frischem Pfeffer ab und rühre noch einen Esslöffel kalte Butter unter. Voilà – das Fleisch mit der Soße nappieren und genießen! Kleiner Tipp: Ganz klassisch isst man in Frankreich Blätterteigpasteten mit Pilzfüllung (Rezept Seite 134) dazu!

Hier gilt: Je besser der Wein, desto besser schmeckt's. Ich nehme für die Poularde am liebsten einen Meursault, also einen weißen Burgunder. Weiße Burgunder werden aus der Chardonnay-Traube gemacht. Statt Meursault kann man auch einen anderen Wein von der Côte de Beaune nehmen, z. B. aus Puligny-Montrachet, Chassagne-Montrachet, Santenay oder St-Aubin – alles Nachbarorte von Meursault.

FÜR 4 PERSONEN *Foto Seite 88*

1 Poularde (etwa 1½ kg) • Salz • Pfeffer • 50 g Butter • 1 Bouquet garni (aus Thymian, glatter Petersilie, 1 Knoblauchzehe, 1 Lorbeerblatt) • 400 ml weißer Burgunder (am besten aus Meursault) • 1 Eigelb • 300 g Sahne • etwas Zitronensaft • 1 EL Butter

Kaninchen in Zimtsoße mit feinen Möhrchen

»Hier kommt ein Hauch Exotik ins Leben – genießen Sie das!«

• Ich zerlege das Kaninchen und löse die Filets aus dem Rücken. Ich salze und pfeffere alle Teile und brate sie in einem gusseisernen Bräter im heißen Olivenöl schön goldbraun an (zuerst die Keulen, ganz zum Schluss das Filet). Ich schneide die Zwiebel und den Staudensellerie klein, gebe sie dazu und brate sie mit an. Ein bis zwei Zimtstangen hinein, einen Hauch Muskat darüberreiben und den Hühnerfond angießen. Den Deckel auf den Bräter legen und das Kaninchen bei kleiner Flamme etwa 40 Minuten leise köcheln lassen.

• Jetzt wasche ich ein kleines Bund Möhrchen, schäle sie und blanchiere sie drei Minuten in kochendem Salzwasser. Dann gebe ich sie zum Kaninchen und lasse sie weich garen. Aufgepasst: Nicht zu weich – Möhren und Kaninchen sollen noch etwas Biss haben! Wenn alles fertig ist, hole ich das Fleisch und die Möhrchen heraus und stelle sie auf einer heißen Platte warm.

• Meine Soße passiere ich durch ein Haarsieb in eine Kasserolle, dabei drücke ich alles sorgfältig mit einer Schöpfkelle, damit alles Gute in die Soße kommt. Die Soße lasse ich reduzieren, sie soll sirupartig sein. Am besten rührt man noch ein bis zwei Esslöffel Butter darunter, das macht die Soße schön geschmeidig. Ich schmecke mit Salz und meinem Lieblingsgewürz Piment d'Espelette (statt Pfeffer) ab und, wenn nötig, noch mit etwas Zimt.

• Ganz zum Schluss gebe ich die Sahne dazu und gieße die feine Soße über Kaninchen und Möhren. Ich serviere alles am liebsten in einem Gusseisentopf, so kann ich es zum Schluss auch noch einmal richtig gut erhitzen.

Dazu liebe ich körnig gekochten Basmati-Reis – und damit er dazu passt, koche ich zwei bis drei Kardamomkapseln mit. So ist er von zarter Exotik. Wie's geht, steht bei der Mulligatawny auf Seite 38.

FÜR 4 PERSONEN *Foto Seite 89*

1 küchenfertiges Kaninchen (1 kg) • Salz • Pfeffer • 2–3 EL Olivenöl • 1 Zwiebel • 1 Selleriestange • 1–2 Stangen Zimt • etwas Muskat • 800 ml Hühnerfond (Rezept Seite 45) • 1 Bund Möhren • 1–2 EL Butter • etwas Piment d'Espelette • etwas Zimt • 150 ml Sahne

Chicken-Wings

»Damit sie schön knusprig sind, werden die Hähnchenflügel frittiert«

• Ich ziehe die Knoblauchzehen ab, nehme, wenn nötig, den grünen Keim heraus und würfele sie sehr fein. Die Zwiebeln ziehe ich ab und schneide sie ebenfalls sehr fein. Ich mische Salz, Pfeffer und den Zucker darunter. Alternativ können Sie alles im Blitzhacker pürieren.

• Nun die Chicken-Wings gut abspülen, mit Küchenpapier trocken tupfen und den Zwiebelmix drunterheben. Die Flügel 15 Minuten ziehen lassen.

• Den Hühnerfond koche ich auf. Ich lasse die Chicken-Wings 20 Minuten darin köcheln, nehme sie heraus und lasse sie abtropfen.

• Speisestärke, Maisgrieß, Mehl und eine gute Prise Salz werden vermischt und die Chicken-Wings darin gewendet. Ich backe die Hühnchenflügel im Öl schwimmend aus, so dass sie schön knusprig werden.

• Für die Soße verrühre ich ganz einfach den Honig mit dem Senf. Eventuell verlängere ich die Soße noch mit etwas Wasser, damit sie flüssiger wird.

FÜR 3 PERSONEN *Foto oben*

2 Knoblauchzehen • 2 Zwiebeln • Salz • Pfeffer • 1 EL Zucker • 1 kg Chicken-Wings • 1 l Hühnerfond (Rezept Seite 45) • 2 EL Speisestärke • 2 EL Maisgrieß • 1 EL Mehl • 1 l Sonnenblumenöl zum Frittieren
Soße: 2 EL Honig • 2 EL mittelscharfer Senf

Rehrücken mit Rotkohl-Confit und Wacholdersoße. Seite 94

Canard aux fruits des bois
– Ente mit Beerensoße.
Seite 95

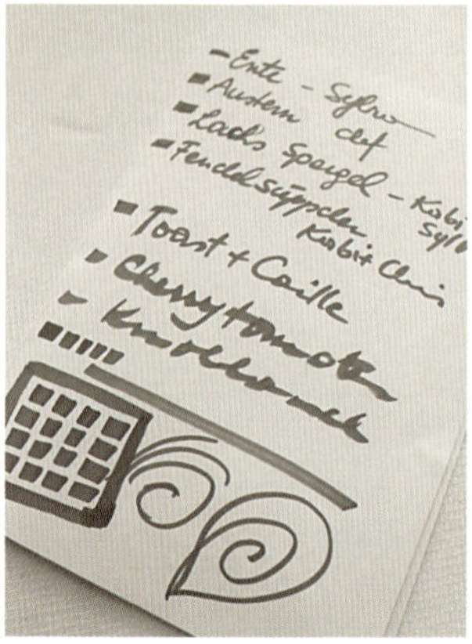

Rehrücken mit Rotkohl-Confit und Wacholdersoße

»Eine aufwändige Angelegenheit. Das Ergebnis: ein traumhaftes Festessen«

• Der Rehrücken muss ausgelöst und sorgfältig geputzt werden, die Knochen zerhackt. Die Knochenstücke brate ich in wenig Öl mit den Häuten und allen Abschnitten an. Ich putze Zwiebel, Möhre und Sellerie, schneide sie klein und brate sie mit an. Wenn alles schön am Topfboden klebt, lösche ich mit Sherry-Essig ab und lasse ihn verfliegen. Dann gieße ich Rotwein an: gut und viel, bitte! Am liebsten nehme ich kräftigen Burgunder.

• Den Rotweinfond koche ich auf und gebe die Wacholderbeeren hinein, die Pfefferkörner, das Lorbeerblatt und die beiden Nelken. Nach zehn Minuten gieße ich den Kalbsfond dazu. Alles anderthalb Stunden kochen, ohne dass es stark reduziert. Dann passiere ich den Wildfond durchs Haarsieb und lasse ihn abkühlen.

• Nun zum Kohl: Einen kleinen Rotkohl schneide ich in feine Streifen. In einem eisernen Topf erhitze ich das Gänseschmalz und tue den Kohl dazu, rühre ihn kurz um und beträufele ihn mit dem milden Essig. Nochmals umrühren – so behält der Kohl seine schöne Farbe. Ich gebe Meersalz dazu, auch die säuerlichen Äpfel, geschält und klein geschnitten, und den braunen Zucker. Ich gieße den Rotwein an, spicke eine Zwiebel mit der Nelke und gebe sie mit in den Topf. Der Kohl köchelt bei geschlossenem Deckel eine gute halbe Stunde. Rübensirup hinein und alles noch einmal zehn Minuten ziehen lassen.

• Den Rehrücken schneide ich in 12 bis 15 Zentimeter lange Stücke, gebe Salz und Pfeffer aus der Mühle darüber und brate sie in Butter an. Dann wird mit Cognac flambiert! Ich nehme das Fleisch heraus, lasse es im Ofen bei 180 Grad zehn Minuten fertig braten (Umluft 160 Grad, Gas Stufe 3). Ich wickle es in Alufolie und lasse es noch mal zehn Minuten ruhen – es soll medium bleiben, so schmeckt es am besten und ist schön zart.

• Den vorbereiteten Fond lasse ich jetzt reduzieren. Inzwischen verrühre ich die Butter mit der Gänseleberpastete und einem guten Schuss Cognac zu einer feinen Paste. Die würze ich mit etwas sehr fein zerstoßenem Wacholder und dem gemahlenen Pfeffer. Ich gieße etwas warme Soße dazu, um die Paste aufzulösen. Den Mix rühre ich mit dem Schneebesen unter die Soße und passiere sie. Nochmals mit Pfeffer und Salz abschmecken – perfekt! Wenn die Soße nicht genügend bindet oder zu säuerlich ist, hilft ein Stück Bitterschokolade oder etwas Rübensirup.

• Essen Sie selbst gemachte Nudeln dazu. Auch Apfelstücke, mit Zucker in Butter gebraten, sind delikat.

FÜR 4 PERSONEN *Foto Seite 92*

1 Rehrücken (ca. 1 kg, ausgelöst 600 g) • Salz • Pfeffer • 20 g Butter • 50 ml Cognac
Wildfond: 2 EL neutrales Öl • 1 Zwiebel • 1 Möhre • 1 Selleriestange • 60 ml Sherry-Essig • 1 l Rotwein • 1–2 EL Wacholderbeeren • 1 TL Pfefferkörner • 1 Lorbeerblatt • 2 Nelken • ½ l Kalbsfond (Rezept Seite 45)
Soße: Wildfond • 1 EL Butter • 1 EL Gänseleberpastete • 3 EL Cognac • ½ TL Wacholderbeeren • Pfeffer
Rotkohl-Confit: 1 Rotkohl (ca. 800 g) • 2 EL Gänseschmalz • 50 ml Essig (Melfor/Apfelessig) • Meersalz • 2 Äpfel (z. B. Elstar) • 2 EL Zucker • 100 ml Rotwein • 1 Zwiebel • 1 Nelke • 4–5 EL heller Rübensirup

Canard aux fruits des bois – Ente mit Beerensoße

»Hier kommt mein Trick mit dem Vorgaren zum Einsatz«

• Die Ente wird sorgfältig vorbereitet: Ich schaue, ob noch Federkiele in der Haut stecken, und zupfe alle sorgfältig heraus. Dann reibe ich die Ente außen mit Salz ein und gebe Salz und Pfeffer aus der Mühle in den Entenbauch. Außerdem stecke ich mein Sträußchen Thymian, die beiden Lorbeerblätter und die Knoblauchzehen hinein. Ich muss die Flügel der Ente fest anlegen, damit ich sie mit Küchenband zu einem schönen runden Braten binden kann – es sollen keine Teile abstehen, so wird alles schnell und gleichmäßig braun.
• Ich wickle die Ente nun fest in Frischhaltefolie und gare sie 25 Minuten vor, so wie rechts beschrieben. Danach nehme ich die Ente aus der Folie, schneide die Brusthaut auf jeder Seite etwa sechsmal quer ein und brate sie auf beiden Brustseiten in der heißen geklärten Butter braun an. Die Ente kommt in einen Bräter und wird im vorgeheizten Backofen bei 200 Grad (Umluft 180 Grad, Gas Stufe 5) etwa 45 Minuten gebraten. Zwischendurch begieße ich sie mit der Hälfte vom Fond.
• Für die Soße koche ich 200 Gramm von den Himbeeren mit dem restlichen Fond und dem Himbeeressig auf und streiche sie durchs Sieb. Den Bratenfond entfette ich, passiere ihn in die Himbeer-Essig-Coulis und koche alles auf. Alle frischen Beeren (ein paar von jeder Sorte lasse ich als Garnitur zurück) dazugeben, nochmals mixen und durchs Sieb streichen. Mit dem Schneebesen rühre ich schnell die eiskalten Butterstückchen in meine heiße Soße und schmecke mit einer Prise Zucker, Salz und Pfeffer aus der Mühle ab. Bon appétit!

Dazu passt wieder einmal der karamellisierte Chicorée (Rezept Seite 109).

FÜR 4 PERSONEN *Foto Seite 93*

---

1 Ente (etwa 1½ kg) • Salz • Pfeffer • 1 Bund Thymian • 2 Lorbeerblätter • 2 Knoblauchzehen • 3 EL geklärte Butter (Rezept Seite 113) • ½ l Enten- oder Hühnerfond (Rezept Seite 45)
Soße: 300 g Himbeeren • 4 EL Himbeeressig • je 75 g Heidelbeeren, Johannisbeeren, Brombeeren (oder 1 Päckchen TK-Beerenmischung) • 25 g Butter • 1 Prise Zucker • Salz • Pfeffer

Ente

Die Ente mit ihrem festen, dunklen und sehr schmackhaften Fleisch ist seit jeher der ideale Festtagsbraten – egal ob gefüllt oder ungefüllt. Normale Enten können recht fett sein, eine gute Alternative sind Flug- oder Barberie-Enten. Um die Zeit im Backofen zu verkürzen, kann man die Ente prima vorgaren.

So geht's:

1 Die Ente wird vorbereitet, gesalzen und eventuell noch gefüllt. Anschließend wird sie mit Küchenband zu einem schönen runden Braten gebunden.

2 Die Ente dann fest in Frischhaltefolie wickeln und 25 Minuten vorgaren. Das geht gut im Dampfgarer. Wenn man aber keinen Dampfgarer hat, legt man die verpackte Ente einfach auf den Rost der Backofens und schiebt sie bei 180 Grad (Umluft 160 Grad, Gas Stufe 4) in den vorgeheizten Ofen. Darunter stellt man die Fettpfanne des Backofens, die mit kochend heißem Wasser gefüllt wird. Voilà!

3 Die vorgegarte Ente aus der Folie nehmen. An der Brustseite wird die Haut eingeschnitten – das ist dekorativ und hat den Vorteil, dass das überschüssige Fett gut austreten kann.

Kräuterhähnchen mit Speck-
kartoffeln geschmort. Seite 98

»Der Hirsch verbrüdert sich *gern mit Rotwein.* Im Topf und im Magen.«

Hirsch bourguignon. Seite 98

Kräuterhähnchen mit Speckkartoffeln geschmort

»Für den Zeitplan: Die Kräuterbutter muss eine Stunde kühlen …«

• Zuerst einmal mache ich eine schöne Rolle Kräuterbutter. Dafür schneide ich meine Kräuter fein, schlage die weiche Butter mit dem Schneebesen geschmeidig und gebe die fein geschnittene Schalotte, die Kräuter, Salz, Pfeffer und den Zitronensaft dazu.

• Ich gebe die Butter auf einer Länge von 20 Zentimetern auf ein großes Stück Frischhaltefolie. Dann lege ich das untere Ende der Folie darüber und rolle die Kräuterbutter dreimal, so dass sie gut eingeschlagen ist. An den Enden drehe ich sie zu wie einen Bonbon, halte sie fest und forme sie zu einer festen Rolle. Die Enden verknoten und ab damit für eine Stunde in den Kühlschrank.

• Das Hähnchen schneide ich vom Rücken her auf: mit der Küchenschere an beiden Seiten vom Rückenknochen entlang. Ich trenne auch die Spitzen der Flügel ab, drehe das Hähnchen um und plätte es, indem ich fest auf den Brustknochen drücke und die Keulen nach außen drehe. So schön platt wird es erst einmal kühl gestellt.

• Sobald die Kräuterbutter kalt ist, schneide ich dünne Scheiben ab, nehme die Folie runter und schiebe die Kräuterbutter unter die Brusthaut des Hähnchens – das geht gut von der Halsseite her. Mit dem Zeigefinger kann ich die Haut dort etwas lösen und auf jedes Brustfilet zwei Scheiben platzieren. Das Hähnchen salze und pfeffere ich dann innen und außen.

• In einen Bräter gieße ich Olivenöl, lege Rosmarin, Thymian und die Knoblauchzehen (mit Schale) dazu. Darauf lege ich mein Hähnchen mit der Hautseite nach oben, den gewürfelten Speck und rundherum kleine Kartoffeln, gut gewaschen. Etwas Meersalz darüber und für etwa 40 Minuten in den 200 Grad (Umluft 180 Grad, Gas Stufe 4) heißen Ofen damit, zwischendurch immer mal übergießen. Zum Testen steche ich in die Keule, wo sie am dicksten ist: Fließt klarer Jus raus, ist das Hähnchen gar.

• Ich hole das Hähnchen aus dem Ofen, schöpfe überflüssiges Fett ab und lasse es fünf Minuten ruhen. Hähnchen und Kartoffeln auf eine Platte legen. Den Saft löse ich mit 60 Milliliter heißem Wasser oder Hühnerfond aus dem Bräter und lasse ihn im Topf kurz aufkochen, noch ein Stück von der feinen Kräuterbutter hinein, mit Salz, Pfeffer und Zitronensaft abschmecken. Voilà!

• Die Kartoffeln mit dem frischen Schnittlauch bestreuen und den gebratenen Speck darübergeben.

***FÜR 4 PERSONEN** Foto Seite 96*

1 Hähnchen (ca. 1½ kg) • Kräuterbutter • Salz • Pfeffer • 2 EL Olivenöl • 1–2 Zweige Rosmarin • 1 Bund Thymian • 2 Knoblauchzehen • 50 g durchwachsener Speck • 500 g kleine Kartoffeln • Meersalz • evtl. 60 ml Hühnerfond (Rezept Seite 45) • etwas Zitronensaft • 1–2 EL Schnittlauchröllchen

Kräuterbutter: 1 EL glatte Petersilie • 1 EL Kerbel • 1 EL Estragon • 1 EL Schnittlauch • 150 g Butter • 1 Schalotte • Salz • Pfeffer • 1–2 TL Zitronensaft

Hirsch bourguignon

»Hier hängt die Garzeit auch von der Qualität des Fleisches ab«

• Das Fleisch abtupfen, in drei Zentimeter große Würfel schneiden. In einer Pfanne zwei Esslöffel Butter erhitzen. Und wenn sie richtig schön heiß ist und anfängt, Farbe zu bekommen, tue ich das Fleisch hinein, salze und pfeffere es und wende es, sobald es schön angebraten ist (nicht vorher!). Dann lösche ich das gut angebratene Fleisch mit dem Balsamico ab, und nach einer Minute gieße ich den Fond und den Burgunder dazu und lasse das Fleisch so etwa 20 Minuten lang schmoren.

• In einer Pfanne erhitze ich zwei Esslöffel Butter und sautiere den fein gewürfelten Speck darin. Mit der Schaumkelle hebe ich ihn heraus, sautiere die kleinen festen Champignons und danach die kleinen Zwiebelchen, zur Not gebe ich noch etwas Butter nach.

• Wenn das Fleisch gar ist, hebe ich es mit der Schaumkelle aus dem Topf und lasse die Soße auf etwa die Hälfte einkochen. Den Jus vom Fleisch, der sich auf dem Teller gesammelt hat, gebe ich jetzt mit hinein. Ich binde die Soße mit einem Esslöffel eiskalter Butter und schmecke mit Salz und Pfeffer aus der Mühle ab. Ich gebe das Fleisch für ein paar Minuten zurück in den Topf und serviere es dann mit der Garnitur.

***FÜR 4 PERSONEN** Foto Seite 97*

600 g schieres Hirschfleisch aus dem Rücken • 3 EL Butter • Salz • Pfeffer • 50 ml Balsamico • 500 ml Wild- oder Kalbsfond (Rezept Seite 45) • 200 ml kräftiger Rotwein (am liebsten Burgunder)

Garnitur: 2–3 EL Butter • 100 g durchwachsener Speck • 150 g braune Champignons • 100 g kleine Zwiebeln

»Ich freue mich,
wenn *mein Sohn*
Louis in die Küche
kommt. Es
ist sein Hobby …«

»Ich habe großen Respekt vor der Natur. *Das gilt vor allem auch für die Tiere.* Fleisch wähle ich sorgfältig aus und bereite es stets mit Hochachtung zu. *Das hat es verdient.*«

Spitzenköchin, die auch gern etwas abgibt

Fleisch muss immer von höchster Qualität sein. Und auf Qualität zu achten ist am Ende auch nicht zu teuer. Denn bei mir in der Küche verarbeiten wir das Fleisch bis aufs letzte Gramm, sogar Fett und Abschnitte können noch gut für Fonds gebraucht werden. Auf den Teller kommt es in kleiner Menge, so kann man sich erstklassige Qualität leisten, egal ob vom Schwein oder Rind, Kalb oder Lamm. Ein Glück, dass viele Bauern umdenken und ihre Tiere nun ökologisch halten, denn ich mag auf Fleisch nicht verzichten. Es bringt gutes Eiweiß, gibt dem Körper Kraft – und auch dem Essen.

»Das Geheimnis vom Ferkelbraten: *Die Schwarte muss extra garen.* Nur so wird sie schön knusprig!«

Leas feiner Ferkelbraten. Seite 104

Chili con Carne. Seite 105

Leas feiner Ferkelbraten

»Wer sagt, Schweinefleisch hat nichts in der Haute Cuisine zu suchen?«

• Vom Metzger die Schwarte ganz ebenmäßig runterschneiden lassen. Sie wird blanchiert, in kaltem Wasser abgeschreckt und anschließend im Fond weich gegart, das dauert etwa 30 Minuten. Ich hole sie heraus und lege sie zum Abkühlen flach zwischen zwei Backbleche oder beschwere sie mit einem schweren Deckel. Wenn sie abgekühlt ist, salze ich die Schwarte und zuckere sie leicht. Zwischen den Blechen brate ich sie 30 Minuten im Ofen schön kross bei 180 Grad (Umluft 160 Grad, Gas Stufe 4). Ich schneide sie noch heiß in Streifen.
• Das Filetstück mit Rippchen wird gesalzen, gepfeffert und in einer großen Pfanne rundherum in heißer geklärter Butter gut angebraten. Danach brate ich es im Ofen auf dem Rost etwa 50 Minuten bei 120 Grad.
• Dann putze ich den Spitzkohl und koche die Blätter zwei Minuten im sprudelnden Salzwasser. Ich fische sie mit der Schöpfkelle heraus und tauche sie ins Eiswasser – so bleiben sie schön grün. Gut abtropfen lassen und in Streifen von etwa einem Zentimeter Breite schneiden. Ich schäle die Möhre und schneide sie in ganz feine Würfelchen, die ich kurz in Salzwasser blanchiere. In einem Topf erhitze ich den Hühnerfond (oder Wasser) und rühre die kalte Butter hinein. Leicht salzen. Die Kohlstreifen darin erhitzen, die Karotten-Brunoise zugeben und etwas grob gehackte glatte Petersilie – köstlich.
• Nun zum Speckpüree: Ich koche die Kartoffeln weich, erhitze die Milch und drücke die gepellten Kartoffeln durch die Presse direkt hinein. Gut verrühren und leicht salzen. Die Butter schlage ich in Nüsschen unters Püree und passiere alles – ganz nobel – durchs Haarsieb. Das Püree im Topf unter Folie heiß halten. Dann den Speck in Würfelchen schneiden. Die Speck-Brunoise lasse ich in der Pfanne kross aus. Außerdem brauche ich noch zwei Esslöffel feine Butter-Croûtons: Ich nehme Weißbrot ohne Rinde, schneide es in feine Würfel und brate sie in Butter kross. Speck und Croûtons beiseite stellen.
• Für die Soße putze ich das Gemüse, würfele es und brate es in Butter mit etwas fein gewürfeltem Speck (oder Schinken) gut an, denn ich möchte unbedingt einen kleinen Rauchgeschmack haben. Ich lösche alles mit Fond ab und gebe die Petersilienstängel, etwas Thymian und einen Hauch Rosmarin hinein. Alles muss nun langsam auf etwa die Hälfte einkochen – bis eine schöne, kräftige Soße entstanden ist. Die montiere ich noch mit der kalten Butter, passiere sie durchs Haarsieb – und fertig ist das feinste Ferkel der Welt! Ach ja, die vorbereitete Schwarte muss man noch kurz erwärmen ...

FÜR 4 PERSONEN *Foto Seite 102*

1 Carré vom Ferkelrücken (ca. 1200 g) • Salz • Pfeffer • 2–3 EL geklärte Butter (Rezept Seite 113)
Kohlgemüse: 1 Spitzkohl (ca. 800 g) • Salz • 1 Möhre • 60 ml Hühnerfond (Rezept Seite 45) • 1 EL Butter • 1–2 EL gehackte Petersilie
Speckpüree mit Butter-Croûtons: 500 g Kartoffeln • 200 ml Milch • 50 g Butter • 50 g durchwachsener Speck • 2 Scheiben Weißbrot • 1 EL Butter
Soße: 1 Zwiebel • 1 Möhre • 1 Selleriestange • 1 Porreestange • 1–2 EL Butter • 50 g durchwachsener Speck • ½ l Hühnerfond (Rezept Seite 45) • ½ Bund glatte Petersilie • ½ Bund Thymian • 1 Zweig Rosmarin • 20 g Butter

Chili con Carne

»Bravo! Sie haben schon vorgekocht. Dann kann's gleich losgehen – denn aufgewärmt schmeckt's noch besser«

• Die Bohnen weiche ich gut zwei Stunden in Wasser ein, gieße sie ab und koche sie zusammen mit zwei Zwiebeln und zwei Knoblauchzehen, geschält natürlich, im Hühnerfond etwa eine Stunde gar.
• Inzwischen bereite ich das Gemüse vor: Ich putze den Knollensellerie und die Möhren, ziehe – wenn überhaupt nötig – die Fäden vom Staudensellerie und schäle die restlichen Zwiebeln und den Knoblauch. Die Paprikaschoten halbieren und entkernen und die Haut unter dem heißen Grill schwarz werden lassen. Die Haut dann abziehen. Die Chilischoten schlitze ich auf und entkerne sie (immer noch ein guter Rat: Ziehen Sie dabei Küchenhandschuhe an!). Alles Gemüse schneide ich dann in kleine Würfel.
• Das Hackfleisch brate ich in der heißen Butter braun an. Dann erst kommt das Gemüse dazu und wird gut untergehoben. Die Tomaten gebe ich mit der Flüssigkeit hinein – und alles köchelt schön bei kleiner Hitze zwei Stunden vor sich hin. Zum Schluss vermische ich das Hackfleisch-Gemüse mit den gekochten Bohnen und schmecke mit Salz und Pfeffer aus der Mühle ab.

Zum Chili con Carne schmecken gekochter Reis, saure Sahne, frische Tomatenwürfel, frischer Koriander und gern auch ein bisschen gehackter Chili, den sich jede/r nach Belieben dazugibt.

FÜR 6 PERSONEN Foto Seite 103

500 g schwarze Bohnen • 4 Knoblauchzehen • 4 Zwiebeln • 1 l Hühnerfond (Rezept Seite 45) • 125 g Knollensellerie • 125 g Möhren • 125 g Staudensellerie • je 1 rote und grüne Paprikaschote • 3 rote Chilischoten • je 250 g Hackfleisch vom Kalb, vom Rind und vom Schwein • 3 EL Butter • 1 große Dose geschälte Tomaten • Salz • Pfeffer

Gigot vom Milchlamm

»Komplimente für den Metzger!«

• Die kleine Lammkeule soll gut abgehangen sein. Der Mittelknochen wird ausgelöst, bleibt nur am Gelenk, damit die Keule noch ganz aussieht. Lassen Sie sie perfekt schnüren – und machen Sie dem Metzger Komplimente, denn das Wichtigste ist nun schon getan.
• Die Keule wird mit Salz und Pfeffer gewürzt und in der Pfanne in geklärter Butter angebraten. In einen Bräter lege ich die aromatische Garnitur aus abgezogenen Zwiebeln, Knoblauchzehen und Thymian. Ich platziere die Keule darauf und schiebe sie für etwa 30 Minuten in den Ofen, den ich auf 180 bis 200 Grad vorgeheizt habe (Umluft 160 bis 180 Grad, Gas Stufe 3 bis 4). Die Keule lasse ich etwa zehn Minuten ruhen, nachdem sie aus dem Ofen kommt. So bleibt sie schön saftig.
• Für die Soße reduziere ich den Fond auf die Hälfte und koche den kleinen Zweig Rosmarin mit, um das Aroma zu bekommen. Zum Schluss gebe ich eine kleine Nuss eiskalte Butter dazu, so montiere ich die Soße. Voilà!

Zur Lammkeule serviere ich am liebsten weiße Bohnen, die ich in Hühnerfond mit ein paar Möhrenscheiben und einem Bouquet garni gar koche. Dann noch eine gute Nuss Butter drunter und ein bisschen Fleur de Sel zum Abschmecken – köstlich!

FÜR 4 PERSONEN Foto oben

1 Milchlammkeule (ca. 600 g) • Salz • Pfeffer • 50 g geklärte Butter (Rezept Seite 113) • 2 Zwiebeln • 2 Knoblauchzehen • 1 Bund Thymian • 200 ml Lammfond • 1 Zweig Rosmarin • 20 g Butter

Kalbspiccata mit Mokkasoße und Blattspinat. Seite 108

Original Cevapcici. Seite 108

»Globalisierungsgegner?
Die hatten beim Kochen
noch nie eine Chance!«

Kalbspiccata mit Mokkasoße und Blattspinat

»So haben Sie Kaffee sicher noch nicht genossen ...«

Zuerst lege ich meine Kalbsfiletscheiben zwischen zwei dicke Plastikfolien (zum Beispiel einen Gefrierbeutel) und klopfe sie mit dem Küchenbeil schön flach.

• Für die Soße koche ich dann den Ristretto, so nennt man sehr starken Espresso, für den ich nur zwei Drittel der üblichen Wassermenge nehme.

• Los geht's: Den Kalbsfond reduziere ich zusammen mit einem guten Schuss Marsala. Ich presse die halbe Orange aus und lasse den Saft in einem anderen Topf ebenfalls einkochen. Eventuell gebe ich etwas braunen Zucker dazu, ganz nach Geschmack. Ich ziehe den Topf sofort von der heißen Herdplatte und gieße ein bis zwei Tässchen von meinem Ristretto hinein.

• Sind Kalbsfond und Marsala sirupartig eingekocht, gebe ich die Kaffee-Orangensaft-Mischung dazu, rühre eine kleine Nuss kalte Butter hinein und gebe Salz und Pfeffer aus der Mühle in die Soße.

• Den Blattspinat habe ich inzwischen gewaschen, von den Stängeln gezupft oder geschnitten und getrocknet. Ich schwenke ihn nur in einem Esslöffel Butter mit einer Prise Salz und lasse ihn auf Küchenpapier abtropfen.

• Dann salze und pfeffere ich die Kalbsfilets und brate sie schnell in sehr heißer Butter. Zusammen mit dem Blattspinat richte ich sie auf heißen Tellern an und gebe ein wenig von der feinen Kaffeesoße über das Fleisch.

FÜR 4 PERSONEN *Foto Seite 106*

12 kleine Scheiben Kalbsrückenfilet • Butter zum Braten
Soße: 1–2 Tässchen Ristretto (sehr starker Espresso) • 200 ml Kalbsfond (Rezept Seite 45) • etwas Marsala • ½ Orange • evtl. etwas brauner Zucker • 1 EL Butter • Salz • Pfeffer
Beilage: 300 g frischer Blattspinat • 1 EL Butter • Salz

Original Cevapcici

»Die nette Frau Mustafic, die aus Dubrovnik stammt, hat mir verraten, wie man sie am besten macht«

• Ich vermische das Lamm- und das Rinderhack. Dann ziehe ich die Zwiebel ab und schneide sie in sehr feine Würfel, ebenso die Knoblauchzehe. Beides mixe ich mit Ei, Mehl, Salz, Pfeffer und Paprikapulver unters Hack.

• Aus der Hackmasse forme ich längliche Röllchen. Dabei – so habe ich es von Frau Mustafic aus Bosnien gelernt, die es wissen muss – gebe ich einfach etwas Öl in meine Handfläche, dann lassen sich die Röllchen leichter formen und kleben nicht. Ich tue Olivenöl in die Pfanne und brate sie rundherum hübsch braun.

• Dazu gibt es diesmal eine fertige Paprikasoße – Ayvar. Ich streiche sie nur noch durch ein Sieb, dann bleibt die Schale draußen. Fertig ist die feine Soße.

Aus dem Teig lassen sich auch vier flache Frikadellen formen. Die werden einfach gebraten und in aufgeschnittenes Fladenbrot gelegt. Ayvar und ein Salatblatt obendrauf – fertig ist der Cevapcici-Burger!

FÜR 12 STÜCK *Foto Seite 107*

150 g Lammhack • 150 g Rinderhack • ½ Zwiebel • 1 Knoblauchzehe • 1 Ei • 1 EL Mehl • Salz • Pfeffer • Paprikapulver • 2 EL Olivenöl • 1 Glas Ayvar (fertige Paprikasoße)

Rinderfilet tatare

»So angerichtet, hat es 3-Sterne-Flair«

• Das zarte Rindfleisch drehe ich durch den Fleischwolf, ich nehme die mittlere Scheibe dafür.
• Ich mache eine Mayonnaise mit viel Senf. Und gebe einen Esslöffel davon in eine Schüssel, ein Eigelb und etwas Zitronensaft dazu. Attention: Wenn ich das Eigelb lieber oben auf meinem Tatar haben möchte, lasse ich es hier weg! Alles mische ich mit der Gabel. Dann kommen der Ketchup und die Worcester-Soße hinein. Und nun gebe ich das Fleisch dazu, die Kapern, fein geschnittene Zwiebel und Cornichons. Etwas Petersilie, Schnittlauch, Salz und Pfeffer, Piment oder Tabasco. Voilà! Alles vermische ich gut mit der Gabel und schmecke es ab.
• Mein Tatar serviere ich hübsch auf einem großen, kalten Teller. Die Marie macht es im Kaschthaus, meinem kleinen Gasthaus in Hellange, wo es Luxemburger Küche gibt, immer mit einem Ring, so bleibt es exakt in Form – das ist sehr appetitlich. Mit dem Rücken des Messers macht sie dann ein Muster oben aufs kalte Tatar und gibt gern auch noch ein rohes Eigelb darauf.

Dazu gibt's Pommes frites und Salat.

***FÜR 1 PERSON** Foto oben*

---

150 g Rinderfilet • 1 EL Mayonnaise • 1 Eigelb • 1 TL Zitronensaft • 1 TL Ketchup • 1 EL Worcester-Soße • je 1 TL Kapern, Zwiebel- und Cornichonwürfel • glatte Petersilie • Schnittlauch • Salz • Pfeffer • Piment oder Tabasco
Mayonnaise: 1 EL Senf • 2 Eigelb • ¼ Liter Erdnuss- oder Pflanzenöl • etwas Zitronensaft • Salz • Pfeffer

Tournedos mit karamellisiertem Chicorée

»Grillen, auch wenn's draußen regnet«

• Vom Chicorée löse ich die unschönen äußeren Blätter ab und halbiere die Kolben dann längs. Ich schneide den sichtbaren weißen Kern keilförmig heraus, er ist manchmal unangenehm bitter. Ich dünste den Chicorée mit der Schnittfläche nach unten in einer Pfanne in heißer Butter an, streue den Zucker darüber und lasse alles karamellisieren. Orangensaft zugießen und bei großer Hitze fast verdampfen lassen. Ich schmecke den Chicorée mit Fleur de Sel und Pfeffer aus der Mühle ab.
• Tournedos werden aus dem Herzen des feinen Rinderfilets geschnitten, so etwa vier bis fünf Zentimeter dick. Ich reibe sie mit dem Olivenöl ein und salze sie mit Meersalz. Auf der heißen Grillplatte brate ich die Tournedos eine Minute an. Dann drehe ich sie um 180 Grad (nicht wenden!), so bleiben sie schön in Form. Wieder eine Minute braten, jetzt wenden und genauso anbraten wie die erste Seite. Ich gare sie auf den Punkt, gebe Pfeffer aus der Mühle drüber und serviere Rotweinsoße dazu.

Der karamellisierte Chicorée passt auch perfekt zur Ente (Seite 86) und zum Roastbeef (Seite 112).

***FÜR 4 PERSONEN** Foto oben*

---

4 Tournedos (à 120–150 g) • Olivenöl • Meersalz • Pfeffer • Rotweinsoße (Rezept Seite 113)
Karamellisierter Chicorée: 4 Chicorée • 30 g Butter • 2 EL Zucker • 100 ml Orangensaft (frisch gepresst) • Fleur de Sel • Pfeffer

Kalbsragout Marengo. Seite 112

Roastbeef-Braten. Seite 112

Kalbsragout Marengo

»Nach der Schlacht von Marengo im Jahr 1800 hat Napoleons Leibkoch dieses Festmahl kredenzt«

• Für das Ragout schneide ich alles Fleisch in große Würfel, jeder soll etwa 45 Gramm schwer werden. Die Zwiebeln ziehe ich ab und schneide sie in feine Würfel. Die Möhre wird geschält und ebenfalls fein gewürfelt. Der Knoblauch wird geschält, entkeimt und einfach mit dem Messer zerdrückt.

• Die Fleischwürfel brate ich in einer großen Pfanne im Öl und der Butter schön braun an. Ich würze mit Salz und frischem Pfeffer aus der Mühle. Ich gebe die Zwiebeln und die Möhren hinein, bestäube alles leicht mit einem gehäuften Esslöffel Mehl und brate alles an. Dabei immer wieder umrühren. Dann den Wein und den Kalbsfond zugießen und das Bouquet garni und den zerdrückten Knoblauch zugeben. Deckel drauf und eineinhalb Stunden schmoren. Eventuell muss ich zwischendurch noch etwas Wasser zugießen, damit die Soße nicht zu dick wird.

• Nun zum Gemüse. Die Champignons putzen. Tomaten überbrühen, abziehen, entkernen und in Spalten schneiden. Schalotten nur abziehen. Aus den Weißbrotscheiben steche ich Herzen aus, brate sie in heißer Butter braun und halte sie warm. Ich dünste die Schalotten und die Champignons in der Butter fünf Minuten an und gebe Salz und Pfeffer aus der Mühle darüber. Die Tomaten dazu und in der Pfanne schwenken.

• Ich schmecke das Ragout und das Gemüse ab, richte alles auf einer Platte schön an und dekoriere mit den Brotherzen. Bon appétit!

***FÜR 6 PERSONEN** Foto Seite 110*

1 kg Kalbfleisch aus der Keule • 500 g ausgelöster Kalbsrücken • 2 Zwiebeln • 1 Möhre • 2 Knoblauchzehen • 2 EL Sonnenblumenöl • 25 g Butter • Salz • Pfeffer • 1 EL Mehl • 200 ml Weißwein (z. B. Chablis) • 200 ml Kalbsfond (Rezept Seite 45) • 1 Bouquet garni (1–2 Stängel glatte Petersilie, 2 Zweige Thymian, 2–3 Salbeiblätter)

Gemüse und Beilage: 200 g braune Champignons • 3 Tomaten • 5 Schalotten • 6 Scheiben Weißbrot • 25 g Butter • Salz • Pfeffer

Roastbeef-Braten

»Wichtig: Beim Anbraten großer Fleischstücke braucht man Geduld!«

• Das Fleisch muss wirklich gut abgehangen und von erstklassiger Qualität sein. Ich befreie es sehr sorgfältig von allem, was einen nachher beim Essen stört: überschüssiges Fett und harte Sehnen. Die Abschnitte werfe ich aber nicht weg, sondern lege sie beiseite.

• Die Zwiebeln ziehe ich ab, den Knoblauch schäle und entkeime ich. Beides würfele ich grob. Der Sellerie wird geschält und in Stücke geschnitten.

• Das Fleisch binde ich mit Küchenband schön in Form. Mit Salz und Pfeffer aus der Mühle würze ich zuerst die Seite, die ins Fett kommt, die andere Seite, wenn das Roastbeef in der Pfanne liegt. So, nun das Fleisch sorgfältig in der heißen geklärten Butter anbraten, damit es rundum schön braun wird! Inzwischen heize ich den Ofen vor: auf 220 Grad (Umluft 200 Grad, Gas Stufe 5).

• Das Fleisch nehme ich aus der Pfanne und brate jetzt die Abschnitte und das vorbereitete Gemüse an, gebe Thymian und Lorbeer dazu. Das Fleisch lege ich auf ein rundes Kuchengitter und setze das Gitter auf die Pfanne, noch ein paar Butterflöckchen obendrauf – so kommt's dann für etwa 40 bis 50 Minuten zum Braten in den Backofen.

• Vor dem Anschneiden lasse ich das Fleisch mindestens 15 Minuten ruhen, damit sich der Saft sammeln kann. Das Gemüse lösche ich mit dem Rotwein ab, am liebsten nehme ich einen kräftigen Burgunder. Ich lasse alles einmal aufkochen und gieße es durch ein feines Sieb. Das ist die Grundlage für eine kleine Soße, die ich noch etwas einkoche und dann schnell mit eisgekühlten Butterstückchen montiere. Nur noch mit Salz und Pfeffer aus der Mühle abschmecken und genießen!

Roastbeef gehört zu den schönsten Braten und schmeckt heiß oder kalt zu Bratkartoffeln. Gern mache ich karamellisierten Chicorée (Rezept Seite 109) dazu.

***FÜR 10 PERSONEN** Foto Seite 111*

2½ kg Roastbeef • 3 Zwiebeln • 3 Knoblauchzehen • 200 g Knollensellerie • Salz • Pfeffer • 50 g geklärte Butter (Rezept rechts) • 1 Bund Thymian • 2 Lorbeerblätter • 60 g Butterflöckchen für Fleisch und Soße • ½ l kräftiger Rotwein (am liebsten Burgunder)

Rotweinsoße zu rotem Fleisch

»Kurzgebratenes schmeckt fabelhaft. Der Nachteil: Es gibt keine Soße her«

• In den Rotwein gebe ich Thymian, Lorbeer, Nelken, Pfefferkörner, Wacholder und koche ihn so lange, bis nur noch 150 Milliliter Flüssigkeit im Topf sind. Anschließend passiere ich diese Reduktion durchs Haarsieb.

• Inzwischen habe ich 20 Gramm von der Butter kalt gestellt, um die Soße zu montieren. Ich schneide eine Schalotte in feine Würfel und schwitze sie mit einem Esslöffel Butter und dem Zucker in einem kleinen Topf an, bis sie goldbraun karamellisiert ist. Ich lösche mit Balsamico ab und lasse alles zu Sirup reduzieren.

• Dann gebe ich meine Rotweinreduktion hinein und stelle die Soße beiseite, um das Fleisch zu braten. Die Soße wird erwärmt, und ich gebe den Fleischsaft hinein. Ich passiere sie dann noch einmal durchs Sieb, montiere sie mit der eiskalten Butter und schmecke mit Salz und frischem Pfeffer aus der Mühle ab. Voilà!

Diese gute Soßenbasis passt perfekt zu allem roten Fleisch: Rind, Lamm und Wild. Zum Beispiel auch zu meinen Tournedos von Seite 109.

***FÜR CA. 100 MILLILITER** ohne Foto*

½ l kräftiger Rotwein (am liebsten Burgunder)
• 1 Bund Thymian • 1 Lorbeerblatt • 2 Nelken
• 8 schwarze Pfefferkörner • 8 Wacholderbeeren
• 30 g Butter • 1 Schalotte • 1 TL Zucker
• 100 ml Balsamico • Salz • Pfeffer

Geklärte Butter

Ich liebe Butter, sie kommt daher in fast allen meinen Rezepten vor. Butter ist der ideale Geschmacksträger, aber sie muss frisch sein und schön luftdicht verschlossen werden, sonst kann man sofort herausfinden, was noch alles im Kühlschrank war... Wenn man etwas sehr heiß braten will, nimmt man besser geklärte Butter.

So geht's:

1 Die Butter gibt man in einen Topf und lässt sie bei milder Hitze schmelzen. Dabei bildet sich oben auf der flüssigen Butter ein kleiner Schaum.

2 Der Butterschaum wird abgenommen, die restliche flüssige Butter wird durch einen Kaffeefilter oder ein sauberes Leinentuch gegossen und erst einmal im Kühlschrank kalt gestellt.

3 Wenn das Fett hart geworden ist, wird es von der Molke abgehoben, dann mit einem sauberen Leinentuch oder mit Küchenpapier abgetrocknet und im Kühlschrank aufbewahrt. Diese geklärte Butter – auch Butterschmalz genannt – verträgt höhere Temperaturen und spritzt nicht beim Braten. So können Sie übrigens auch Butter retten, die nicht mehr topfrisch ist!

Hachi parmentier – Rindsbäckchen im Kartoffelbett. Seite 116

»Sie lieben die Provence?
Herrlicher Thymian-Duft
verzaubert hier die Küche …«

Lammcarré mit Kräutern.
Seite 117

Hachi parmentier – Kalbsbäckchen im Kartoffelbett

»Die schmoren so lange im Ofen, Sie können zwischendrin zum Friseur«

• Das Fleisch gut waschen, Fett und Haut abschneiden und das Fleisch in Stücke schneiden. Mit Küchenpapier trocknen. Ich ziehe die Schalotten ab, teile sie längs in sechs bis acht Stücke. Die Zwiebel würfele ich klein. Ich gebe die Schalotten und die Zwiebel in den gusseisernen Bräter, lege das Fleisch darauf und bedecke alles gut mit Rotwein. In ein Gazetuch gebe ich ungeschälten Knoblauch, Lorbeer, ein Sträußchen Thymian und die Nelke, verschließe es und lege es mit in den Topf.

• Deckel drauf und ab in den Backofen. Den habe ich auf 160 Grad geheizt (Umluft 140 Grad, Gas Stufe 2). Bei dieser Temperatur lasse ich alles schön schmoren – vier Stunden lang, man kann also noch zum Friseur.

• Ich wasche die Kartoffeln und koche sie mit der Schale schön weich. Dann pelle ich sie und zerdrücke sie mit der Gabel in einem Topf mit etwas heißem Gemüsefond (zur Not: Wasser). Ich erhitze die Sahne und gebe die warme Sahne und die Butter zum Püree. Salzen. Attention: Das Püree muss nicht fein passiert sein und soll auch nicht zu weich sein, sondern Stand haben!

• Wenn das Fleisch gar ist, hole ich den Topf aus dem Ofen und lasse ihn etwas abkühlen. Jetzt öffne ich den Deckel, nehme das Fleisch raus und stelle es auf einer Platte warm. Den Jus passiere ich durchs Sieb und lasse ihn etwas reduzieren. Die Schalotten und die Zwiebel sind sehr weich und lassen sich gut – zusammen mit dem Fleisch – mit Löffel und Gabel faserig zerdrücken.

• So, nun brauche ich für jeden Teller einen Edelstahlring von zehn Zentimeter Durchmesser und fülle ihn etwa anderthalb Zentimeter hoch mit dem Kartoffelbrei. Darauf gebe ich eine Schicht vom heißen Fleisch und darauf wieder Kartoffelbrei. Die Schichten sollen gleich hoch sein, so dass man gut vier Zentimeter Höhe bekommt. Zum Schluss streiche ich alles schön glatt.

• Nun kommt alles für etwa acht Minuten in den Ofen, den ich auf 200 Grad (Umluft 180 Grad, Gas Stufe 4) vorgeheizt habe. Fertig! Die Ringe abziehen und aufs Hachi etwas feinen Salat dressieren. Den mache ich nur mit Olivenöl, Balsamico, Salz und Pfeffer an. Rundherum nappiere ich mit der köstlichen Rotweinsoße, die ich mit Salz und Pfeffer abgeschmeckt und mit einer schönen Nuss Butter montiert habe. Wer mag, brät noch ein Stück Gänse- oder Kalbsleber und gibt es obendrauf.

FÜR 4 PERSONEN *Foto Seite 114*

1 kg Kalbsbäckchen oder Hochrippe • 5–6 Schalotten • 1 Zwiebel • ½ l Rotwein • 1 Knoblauchzehe • ½ Lorbeerblatt • 1 Bund Thymian • 1 Nelke • etwas Kopfsalat mit Vinaigrette • Salz • Pfeffer • 20 g Butter • evtl. 4 Stücke Gänse- oder Kalbsleber
Püree: 500 g Kartoffeln • 100 ml Gemüsefond (Rezept Seite 44) • 100 ml Sahne • 20 g Butter • Salz

Lammcarré mit Kräutern

»Wenn man Eindruck machen will, tranchiert man das Fleisch am Tisch«

• Erst einmal bereite ich Kräuterbutter zu: Ich hacke die Petersilienblätter und schneide den Estragon und den Kerbel fein. Den Knoblauch ziehe ich ab, blanchiere ihn und gebe ihn durch die Presse. Alles vermische ich gut mit der zimmerwarmen Butter, salze, pfeffere und schmecke mit einem Spritzer Zitronensaft ab.

• Ich würfele dann den Speck. Das bratfertige Lammcarré wasche ich ab und tupfe es mit Küchenpapier schön trocken. Dann erhitze ich Olivenöl in der ofenfesten Pfanne und gebe den Speck hinein. Schön heiß werden lassen. Das Carré bestreue ich mit Salz und Pfeffer aus der Mühle und brate es kräftig an. Wenn das Fleisch goldbraun ist und die Fettschicht souffliert, hole ich das Carré aus der Pfanne, vorsichtig und ohne mit der Gabel reinzupiksen, und lege es auf einen Gitterrost.

• Speck herausnehmen und den Sud mit 250 Milliliter Lamm- oder Gemüsefond ablöschen. Etwas einköcheln lassen, dann den Rost mit dem Fleisch draufstellen – so kann es abkühlen, und der Jus tropft in die Soße.

• Das abgekühlte Lammcarré bestreiche ich oben schön regelmäßig mit der Kräuterbutter und lasse nur ein bis zwei Teelöffel für die Soße nach. Ich lege eine Pfanne mit frischem Thymian aus, setze das Carré drauf und gare es etwa 25 Minuten bei 220 Grad (Umluft 200 Grad, Gas Stufe 5) im Ofen. Vier halbierte Tomaten kommen dazu: leicht gesalzen, gepfeffert, mit einem Mix von Semmelbröseln und geriebenem Parmesan bestreut und mit ein paar Tropfen Olivenöl beträufelt. Herrlich!

• Für die Soße lasse ich den Fond noch einmal aufkochen, rühre zwei Esslöffel Butter und den Rest Kräuterbutter drunter und serviere alles schön heiß. Bon appétit – genießen Sie's!

FÜR 4 PERSONEN *Foto Seite 115*

150 g durchwachsener Speck • 1 Lammcarré (ca. 750 g) • 3 EL Olivenöl • Salz • Pfeffer • 250 ml Lamm- oder Gemüsefond (Rezept Seite 44) • 1 Bund Thymian • 4 Tomaten • 2 EL Semmelbrösel • 2 EL Parmesan • 2 EL Butter

Kräuterbutter: 1 EL gehackte Petersilienblätter • 1 TL Estragon • 1 TL Kerbel • 1 Knoblauchzehe • 50 g Butter • Salz • Pfeffer • etwas Zitronensaft

Kalbshaxen à la maman

»Wenn's die gab, habe ich Mutter für die beste Köchin der Welt gehalten«

Ich nehme gern Haxen vom Milchkalb, spüle sie ab und trockne sie mit Küchenpapier. In einem großen Eisentopf erhitze ich die Butter, lege alle Haxen nebeneinander hinein und hebe sie an, damit die Butter drunterläuft. Ich salze, pfeffere und brate alles karamellbraun an. Die Butter verbrennt nicht, wenn man sie auf dem Fleisch abkühlt, ich schöpfe also mit einem Löffel die heiße Butter über das Fleisch, wende es und brate es auf der zweiten Seite genauso an. Nun aber schon die Schalotten (geschält und halbiert) und die ungeschälten Knoblauchzehen dazutun. Alles mit zwei gestrichenen Esslöffeln gesiebtem Mehl bestäuben und das Fleisch wenden, damit das Mehl mit anbrät. Mit Weißwein ablöschen – hier soll er nicht zu trocken sein.

• Ich koche alles ein und gebe Fond (oder Wasser) dazu. Die Tomate, geviertelt und geschält, Liebstöckel und Thymian hinein, Deckel drauf und 40 Minuten köcheln.

• Jetzt teste ich die Garung: Das Fleisch muss weich sein, darf aber nicht vom Knochen fallen. Ist es gar, hebe ich es auf eine gewärmte Platte und fische Kräuter und Knoblauchzehen aus der Soße. Ich schmecke sie ab und rühre noch etwas kalte Butter darunter. Die Schalotten auf das Fleisch verteilen und mit der Soße übergießen. Ich streue noch etwas fein gehackte Petersilie drüber und serviere die Haxen am liebsten mit karamellisierten Karotten und selbst gemachten Bandnudeln.

FÜR 4 PERSONEN *Foto oben*

1,2 kg Kalbshaxen • 40 g Butter • Salz • Pfeffer • 4 Schalotten • 4 Knoblauchzehen • 2 EL Mehl • 200 ml Weißwein • 400 ml Kalbsfond (Rezept Seite 45) • 1 Tomate • 1 Stängel Liebstöckel • 1 Bund Thymian • 1–2 EL Butter • etwas glatte Petersilie

»Gemüse wurde lange stiefmütterlich behandelt. *Aber ich sage immer, jeder bekommt seine Chance!* Heute ist Gemüse die Nr. 1 in allen Küchen – *der absolute Superstar.* Eine Liebe fürs Leben.«

Kartoffelfreundinnen: die Marktfrau und Lea

Ich bin sehr froh, dass es Bio-Gemüse gibt. Denn das hat dem Gemüse das Leben gerettet – und uns auch. Endlich gibt es wieder Tomaten und Kartoffeln, die so aromatisch schmecken wie in unserer Kindheit. Endlich können wir ungestraft Erdbeeren, Orangen und Weintrauben genießen und müssen uns keine Gedanken mehr machen, ob der knackige Salat, die geliebten Möhren, der schlichte Sellerie vielleicht unsere Feinde sind. Gemüse ist ein gesunder Genuss. Man kann so viele herrliche Sachen damit kochen, dass man Fleisch und Fisch gar nicht vermisst. Voilà!

»Risotto möchte Beachtung.
So wie die Köchin.
Loben Sie sie – oder sich!«

Petersilien-Risotto. Seite 122

Tarte Tatin von Tomaten.
Seite 122

Petersilien-Risotto

»Dabeistehen ist alles: Ein Risotto will nämlich geliebt und gerührt werden«

• Ich wasche den Reis, bis das Wasser klar bleibt. Dann ziehe ich die Zwiebel ab, schneide sie in kleine Würfel und brate sie im heißen Öl kurz an. Den Reis gebe ich dazu und lasse ihn unter ständigem Rühren glasig werden. Nun kommt der Wein hinein und wird bei mittlerer Hitze eingekocht. Meinen heißen Hühnerfond gebe ich nach und nach dazu, so dass der Reis immer leicht mit Flüssigkeit bedeckt ist. Das Risotto lasse ich etwa 30 Minuten kochen, bis die Reiskörner gerade eben weich sind. Und das findet man natürlich wieder mal nur durchs Probieren heraus!

• Inzwischen schlage ich die Sahne steif und reibe den frischen Parmesan. Dann wasche ich die Petersilie, schüttle sie trocken und hacke sie fein. Unter das fertige Risotto hebe ich die Sahne, den Parmesan und die Petersilie und schmecke alles mit Meersalz und weißem Pfeffer aus der Mühle ab. Ich gebe dieses wunderbare Petersilien-Risotto sofort auf Teller, die ich gut vorgewärmt habe, und serviere es mit ein paar dekorativen Parmesan-Spänen darüber.

Am besten eignen sich die speziellen Reissorten Carnaroli, Vialone oder Arborio, die alle aus der Po-Ebene in Norditalien kommen. Naturreis, Milchreis, Parboiled-Reis, vorgekochter oder Sushi-Reis sind dagegen fürs Risotto nicht geeignet.

FÜR 4 PERSONEN *Foto Seite 120*

350 g Risotto-Reis • 1 Zwiebel • 2 EL Olivenöl • 100 ml Weißwein • 1,2 l Hühnerfond (Rezept Seite 45) • 2 EL Schlagsahne • 50 g Parmesan • ½ Bund glatte Petersilie • Meersalz • weißer Pfeffer

Tarte Tatin von Tomaten

»Ein Genuss wie im Paradies!«

• Ich vermische das Mehl, die Butter und einen gestrichenen Teelöffel Salz zum Streusel-Look, dann knete ich 100 Milliliter eiskaltes Wasser unter. Teig in Frischhaltefolie wickeln und zwei Stunden kühl ruhen lassen. Danach rolle ich ihn zu einem großen Rechteck aus, falte ihn zweimal und lasse ihn noch mal eine halbe Stunde ruhen. Ich rolle den Teig schön dünn aus und steche vier Kreise von je 12 Zentimeter Durchmesser aus.

• Für jeden nehme ich jetzt zwei schöne, dicke, feste Tomaten, am liebsten von der Sorte Roma. Ich enthäute und viertele sie, hole die Körner heraus. Eine mittelgroße Zwiebel schneide ich in wirklich feine Viertelringe.

• In einem Topf erhitze ich einen Esslöffel vom Olivenöl und schwitze die fein geschnittene Zwiebel an, salze und gebe acht Tomatenviertel dazu. Nochmals etwas Salz und einen Hauch Zucker hinein sowie eine ungeschälte Knoblauchzehe oder ein Sträußchen Thymian – es geht nur um ein mediterranes Parfüm. Zehn Minuten köcheln und reduzieren, es soll ein trockenes Confit werden.

• Auf Küchenpapier trockne ich die restlichen Tomatenstücke und gebe in vier Tartelettformen (12 Zentimeter Durchmesser) je ein Schlückchen Olivenöl und etwas Meersalz. Dann lege ich je sechs Tomatenstücke mit der Außenseite nach unten in die Förmchen, leicht übereinander. Ich gebe das Confit dazu, einen Esslöffel pro Form, streiche es glatt und streue Blättchen vom frischen Majoran oder Oregano darüber. Teigscheiben darauflegen und leicht andrücken. Mit einer Gabel dreimal einstechen, damit die Luft rausgehen kann.

• Im heißen Ofen backe ich die Tartes bei 180 Grad (Umluft 160 Grad, Gas Stufe 3) etwa 20 bis 30 Minuten. Ich stelle die Formen auf ein nasses Tuch, löse mit einem Messer den Teig und stürze die Tartes auf die Teller. Ich träufele etwas Olivenöl darauf und dekoriere mit Basilikum. Noch Fleur de Sel und Pfeffer aus der Mühle darüber und ein paar Tropfen reduzierten Balsamico.

FÜR 4 PERSONEN *Foto Seite 121*

8 Tomaten (z. B. Roma) • 1 Zwiebel • 2–3 EL Olivenöl • Salz • 1 Prise Zucker • 1 Knoblauchzehe oder etwas Thymian • Meersalz • 1 EL Blättchen Majoran oder Oregano • 1 EL Blättchen Basilikum • Fleur de Sel • Pfeffer • 1 TL reduzierter Balsamico
Teig: 250 g Mehl • 125 g Butter • Salz

Tortellini mit Salbeibutter

»Man braucht ein bisschen Geduld …«

• Ich verknete die Teigzutaten in der Küchenmaschine, dann mit der Hand, verpacke den Teig in Frischhaltefolie und lege ihn für eine Stunde in den Kühlschrank.
• Den Spinat wasche ich und befreie ihn von Strünken. Er wird blanchiert, also zwei Minuten in kochendes Salzwasser gegeben, in eiskaltem Wasser abgeschreckt, gut ausgedrückt und dann fein gehackt.
• Ich reibe Emmentaler und Parmesan. Den Mozzarella schneide ich in kleine Würfel, gebe Ricotta und zwei Eigelb dazu und vermische alles gut mit meinem gehackten Spinat. Die Masse schmecke ich mit Salz, Pfeffer und Cayenne ab und stelle sie erst einmal kühl.
• Den Teig in der Breite der Nudelmaschine ausrollen. Mit einem Ausstecher von acht Zentimeter Durchmesser steche ich den Teig aus, heraus kommen etwa 35 Tortellini. Auf das untere Drittel der Kreise gebe ich mit einem Teelöffel jeweils etwas von der Füllung, klappe die andere Seite darüber und drücke alles rundherum gut fest: Alle Luft muss raus! Dann drehe ich die zwei Zipfel nach hinten und drücke sie fest aneinander. Voilà!
• Im großen Topf Wasser und einen Esslöffel Salz zum Kochen bringen. Die Tortellini hinein und sechs Minuten garen – sie sollen nicht al dente, sondern ziemlich weich sein. Tortellini auf einem Sieb abtropfen lassen.
• Ich schneide zwölf Salbeiblätter in feine Streifen, lasse in einer großen Sauteuse Butter zerlaufen und dünste sie an, bis die Butter aufschäumt. Ich ziehe die Sauteuse vom Feuer, gebe die Tortellini und die Hälfte vom frisch geriebenen Parmesan hinein. Alles vermischen und in eine vorgewärmte Servierschüssel geben.
• In der restlichen Butter erhitze ich sechs Salbeiblätter auf großer Flamme – aber nur für 30 Sekunden! Die Tortellini bestreue ich mit dem Rest Parmesan und übergieße sie mit der Salbeibutter. Geschafft! Jetzt müssen die Tortellini sofort auf den Tisch. Ich nehme vorgewärmte Teller und stelle noch Parmesan bereit!

FÜR 35 TORTELLINI *ohne Foto*

Nudelteig: 300 g Mehl • 3 Eier • 3 EL Olivenöl • 1 TL Salz
Füllung: 400 g Spinat (alternativ 150 g TK-Spinat) • Salz • 60 g Emmentaler • 30 g Parmesan • 100 g Mozzarella • 100 g Ricotta • 2 Eigelb • Pfeffer • Cayenne-Pfeffer
Salbeibutter: 18 Salbeiblätter • 50 g Butter • 75 g Parmesan

Sautierte Champignons mit frischen Kräutern

»Ganz leicht zu machen und ganz leicht zu variieren«

• Ich putze die Champignons und viertele sie. In einer großen Pfanne erhitze ich dann die gesalzene Butter. Ich gebe meine Champignonviertel hinein und streue eine ganz fein gehackte Schalotte darüber. Ich mahle etwas frischen Pfeffer aus der Mühle darauf und sautiere alles sehr heiß, also auf höchster Stufe.
• Dann kommen fein gehackte frische Kräuter dazu: Ich liebe glatte Petersilie, Estragon, Kerbel und – ganz zum Schluss – Kresse oder Brunnenkresse. Nun muss ich nur noch etwas vom feinen Fleur de Sel dazugeben und vielleicht nachpfeffern. Voilà!
• Die Champignons serviere ich sehr heiß mit knusprigem Baguette.

Dieses einfache Rezept lässt sich schön variieren: Wenn ich mehr Soße haben will, lösche ich einfach mit einem Glas Sherry ab. Wenn ich's gern herzhafter hätte, gebe ich zum Schluss feine Streifen vom Lieblingsschinken darüber. Oder tue beim Anbraten fein gewürfelten Speck in die Pfanne. Und wer keine Salzbutter nehmen möchte, kann die Pilze in Olivenöl braten, sollte dann aber etwas mehr salzen.

FÜR 4 PERSONEN *ohne Foto*

400–500 g Champignons • 50 g gesalzene Butter • 1 Schalotte • Pfeffer • frische Kräuter • Fleur de Sel

Gnocchi verde – Spinat-Gnocchi. Seite 126

»Die Cocotte ist *ein kleines Wunderding.* Darin bleibt alles schön saftig.«

Gemüse der Saison
à la Cocotte. Seite 126

Gnocchi verde

»Ich liebe dieses Essen: Es ist Spinat in seiner schönsten Form«

• Der Spinat wird gewaschen, geputzt, blanchiert und eiskalt abgeschreckt. Danach presse ich ihn mit der Hand schön aus, damit kein Wasser mehr drin ist. Ich brauche für meine Gnocchi 100 Gramm perfekt ausgepressten Spinat, den ich fein hacke.

• Inzwischen koche ich die Kartoffeln mit Schale ganz weich, lasse sie etwa zehn Minuten ausdünsten. Dann pelle ich sie und gebe sie sofort durch die Kartoffelpresse. Auf den Kartoffelberg verteile ich den gehackten Spinat und drücke eine Mulde hinein, in die ich dann Mehl und Eigelb gebe. Etwas Salz und einen Hauch Muskat darüberreiben, und nun knete ich das Ganze zu einem Teig. Er soll nicht steif werden, aber von fester Konsistenz sein, damit die Gnocchi beim Kochen nicht zerfallen.

• Den fertigen Teig rolle ich auf etwas Mehl zu drei langen, dünnen Würsten von einem Zentimeter Durchmesser. Anschließend schneide ich ihn in zwei Zentimeter lange Stücke, die ich mit der Gabel einmal fest drücke. Nun brauchen sie nur noch etwa zwei Minuten im fast kochenden Salzwasser zu ziehen – voilà!

• Dazu serviere ich gern zerlassene Butter, die ich mit etwas frischem Salbei (fein gehackt), etwas Zitrone und etwas Salz gewürzt habe.

Wer lieber eine Sahnesoße hat, kocht einfach etwas Sahne mit einer Nuss Butter auf. Salz und Pfeffer aus der Mühle darüber, frische Kräuter (wie Basilikum und Estragon) hinein, einen Spritzer Zitronensaft und eventuell einen Hauch Muskat – fertig!

***FÜR 4 PERSONEN** Foto Seite 124*

300 g frischer Spinat (150 g TK-Spinat) • 500 g Kartoffeln • 100 g Mehl • 3 Eigelb • Salz • Muskat • etwas Mehl zum Formen
Soße: 30 g Butter • 10 Salbeiblätter • 2 TL Zitronensaft • Salz

Gemüse der Saison à la Cocotte

»Das geht nach Lust und Laune«

Die Cocotte ist übrigens ein kleiner Gusseisentopf mit Deckel, hergestellt von meinem Freund Francis Staub.

• Damit nichts matschig wird, kommen zunächst die geschrubbten, halbierten kleinen Kartoffeln in die Cocotte. Gewürzt wird mit Meersalz und Pfeffer aus der Mühle. Ein paar Blättchen platte Petersilie dazu. Darauf schichte ich die halbierten Lauchzwiebeln, die ungeschälten Knoblauchzehen und Spargel – fertig! Ist die Spargelsaison vorbei, nehme ich kleine Artischocken oder Schwarzwurzeln. In meiner Cocotte brauche ich nicht einmal Flüssigkeit, durch den Dunst träufelt genug aufs Gemüse. Zur Not gebe ich etwas Fond hinein.

***FÜR 2 PERSONEN** Foto Seite 125*

400 g Kartoffeln (z. B. La Ratte) • Meersalz • Pfeffer • glatte Petersilie • 2 Lauchzwiebeln • 1–2 Knoblauchzehen • 6 Stangen Spargel • evtl. etwas Gemüsefond

Lauwarmer Kartoffelsalat mit Trüffel

»Das Beste, was die Erde hergibt!«

• Ich koche die Kartoffeln in der Schale, pelle sie und schneide sie in Scheiben. Mit der fein geschnittenen Schalotte, dem milden Essig und dem Öl sowie der in feinste Würfel geschnittenen Trüffel vermischen. Ich gebe Fleur de Sel und Pfeffer aus der Mühle darüber und lasse alles zehn Minuten bei Zimmertemperatur ziehen.

• Ich lege einen Teller kreisförmig mit Feldsalatblättern aus und gebe in die Mitte ein bis zwei Esslöffel von dem lauwarmen Kartoffelsalat. Ich dekoriere mit einem Hauch Trüffelwürfelchen und gebe etwas Olivenöl und Fleur de Sel darüber – superbe!

***FÜR 2–3 PERSONEN** ohne Foto*

500 g Kartoffeln (La Ratte oder Bamberger Hörnchen) • 1 Schalotte • 2 EL Apfelessig • 3–4 EL feinstes Oliven- oder Traubenkernöl • 2 EL sehr fein gehackte Trüffel • Fleur de Sel • Pfeffer • 30 g Feldsalat

»Am besten ist
Bio-Gemüse.
Es schmeckt
unvergleichlich
gut und frisch.«

Kartoffel-Galettes. Seite 130

»Ich bin froh, dass Kartoffeln wieder mehr *Geschmack haben!*«

Hausgemachte Tagliatelle
mit Trüffeln. Seite 130

Kartoffel-Galettes mit frischem Gemüse

»Die kann man munter genießen, ohne sich outen zu müssen«

• Meine Kartoffel-Galettes sind ein komplettes Hauptgericht – nicht nur für alle, die kein Fleisch essen. Dafür reibe ich die Kartoffeln auf der Rohkostreibe fein. Dann gebe ich sie in ein Mulltuch und drücke sie fest aus, damit keine Flüssigkeit nachbleibt. Die Kartoffeln würze ich dann kräftig mit Salz und Pfeffer aus der Mühle.

• Im Restaurant habe ich extra schöne kleine Pfannen, die meinen goldigen Galettes die Form geben, es geht aber auch in einer normalen Bratpfanne. Aber wenn man einen Metallring für solche Sachen hat, umso besser: Zehn Zentimeter im Durchmesser und ungefähr zwei Zentimeter hoch sollte er hier sein.

• Ich tue also zuerst eine ordentliche Nuss geklärte Butter in die Pfanne (es geht auch mit Butterschmalz oder Erdnussöl) und die Hälfte vom ausgedrückten Kartoffelteig, den ich gut in Form drücke. Ich wende die Galette erst, wenn sie an der Unterseite schön braun ist und zusammenhält. Dann kommt die andere Seite dran und wird auch gebacken. Bei kleiner bis mittlerer Hitze von jeder Seite fünf bis acht Minuten. Die Galettes halte ich warm, bis alle gebraten sind.

• Obendrauf kommt Gemüse nach Lust und Laune und Saison: gebratene Streifen von Auberginen zum Beispiel, dazu abgezogene Kirschtomaten und kleine zarte Salatblätter, etwas Basilikum, vielleicht Spargelspitzen, die ich kurz in der Pfanne in Butter geschwenkt habe... Getoppt wird alles von ein paar hauchdünnen Spänen Parmesan und einem bisschen reduzierten Balsamico. Wer sehnt sich da noch nach Fleisch?

FÜR 2 GALETTES *Foto Seite 128*

500 g Kartoffeln • Salz • Pfeffer • 2–3 EL geklärte Butter (Rezept Seite 113) • Gemüse (z. B. Aubergine, Kirschtomaten, Salatblätter, Spargelspitzen, Basilikum) • etwas Parmesan • 2 TL reduzierter Balsamico

Hausgemachte Tagliatelle mit Trüffeln

»Allein der Duft versetzt mich in Entzücken!«

• Ich brauche wieder einmal meinen genialen Nudelteig, verknete also alle Zutaten und lasse ihn gut verpackt in Folie eine Stunde im Kühlschrank ruhen. Dann rolle ich ihn mit der Nudelmaschine aus und mache flache, etwa ein bis zwei Zentimeter breite Tagliatelle daraus.

• Die Trüffel wird nicht geschält, sondern mit einer kleinen Pilzbürste kräftig geschrubbt. Mit dem Trüffelhobel schneide ich sie erst in dünne Scheiben, dann in Streifchen und schließlich in kleinste Würfelchen (Brunoise), so gibt sie am meisten Geschmack ab.

• Die frisch gemachten Tagliatelle gebe ich ganz kurz in kochendes Salzwasser, nur etwa zwei bis drei Minuten. Ganz einfach abgießen, nicht zu trocken, eine Schnitte gute Butter dazu und alles mit der Trüffelbrunoise vermischen. Voilà – gibt es etwas Köstlicheres? Die Butter und das bisschen Kochwasser an den Nudeln werden eine kleine Emulsion bilden, die mit der Trüffelbrunoise vermischt ein wundervolles Aroma ergibt!

FÜR 4 PERSONEN *Foto Seite 129*

2–3 EL Trüffelbrunoise • Salz • 2–3 EL Butter
Teig: 300 g Mehl • 3 Eier • 3 EL Olivenöl • 1 TL Salz

Letzte Vorbereitungen: Sommelier Aurélien Lion und Chef Frederic Royer

Selleriepüree

»Samtig und glatt wie Seide ist es. Und so schmeckt es auch!«

• Ich schneide den geputzten Knollensellerie in Würfel von ungefähr drei bis fünf Zentimeter Seitenlänge. In einen Topf mit schwerem Boden tue ich eine halbe Tasse Hühnerfond oder Wasser und gebe den Sellerie hinein.
• In einem anderen Topf bringe ich dann die Milch zum Kochen und gebe sie über den Sellerie, der gerade bedeckt sein soll. Deckel drauf und etwa 25 Minuten köcheln, bis der Sellerie gar ist. Aufgepasst: Beim Kochen kein Salz dazugeben, weil sonst die Milch gerinnt!
• Den weichen Sellerie ohne den Kochjus mit dem Stabmixer pürieren und mit Salz abschmecken. Den Jus reduzieren, bis nur drei Esslöffel Flüssigkeit übrig bleiben. Dann gebe ich den Jus und zwei Esslöffel Sahne in den Sellerie, vermenge alles und püriere nochmals. Man kann das Püree durchs Haarsieb streichen – das macht es noch samtiger. Zum Schluss lasse ich es auf jeden Fall bei kleiner Hitze im Topf unter Rühren etwas ausdünsten und hebe zwei Esslöffel geschlagene Sahne darunter – aber bitte erst direkt vor dem Anrichten!
• Als Dekoration eignen sich zarte Blätter vom Staudensellerie, die ich wasche, zwischen Küchenpapier plätte und trockne. Ich frittiere sie ganz kurz und lasse sie abtropfen. Zwei bis drei pro Person stecke ich aufs Püree, das als weiche Nocke auf dem Teller dressiert wird.

***FÜR 4 PERSONEN** ohne Foto*

500 g Knollensellerie • ½ Tasse Hühnerfond (Rezept Seite 45) • 300 ml Milch • Salz • 4 EL Sahne
Deko: 8–12 Blätter Staudensellerie • 1 EL Öl

VARIANTE:

Maronenpüree

Ich bereite 500 Gramm frische Maronen vor wie rechts beschrieben. Sobald sie schön weich sind, streiche ich sie durchs Sieb und rühre eine gute Schnitte Butter und etwas Salz unters Püree. Ich gebe zwei Esslöffel vom Milchsud, den ich durchs Haarsieb passiert habe, dazu. Mit zwei Löffeln, die ich zwischendrin in heißes Wasser tauche, steche ich für jeden ein bis zwei Nocken ab und lege sie auf den heißen Teller. Vegetarierinnen wegschauen: Zu Wildgerichten ist es ein absoluter Hit!

Maronen

Es gibt fertig zubereitete Maronen zu kaufen, die kocht man einfach mit Milch und ohne Salz auf (mit Salz flocken sie aus!). Weil es aber perfekt sein soll, nehme ich lieber frische Maronen. Die kommen in bester Qualität von der Ardèche in Frankreich, aus Italien oder Süddeutschland.

So geht's:

1 Die schönen, dicken, frischen Maronen schneide ich oben kreuzweise ein und lege sie auf ein Backblech, das ich mit einer halben Tasse Wasser besprenkelt habe. Den Backofen heize ich auf 120 Grad vor (Umluft 100 Grad, Gas Stufe 2). Wenn die Maronen aufplatzen, sind sie gar, das dauert ungefähr 40 Minuten.

2 Dann lasse ich sie gemütlich abkühlen, denn die Schale und die braune Haut müssen abgezogen werden. Wenn etwas von der braunen Haut hängen bleibt, macht das nichts, das geht beim Kochen ab.
Zum Kochen bedecke ich die Maronen nun mit Milch, gerade eben, und lasse sie bei kleiner Hitze eine Stunde kochen. Was an Flüssigkeit verdampft, muss wieder zugefügt werden. Wenn man ganz sicher ist, die Maronen nur salzig zu verwenden, darf es statt Milch auch gern Hühnerbrühe sein.

»Schauen Sie mal, Gemüse *ist viel mehr als eine Beilage.* Man braucht nur Fantasie …«

Kartoffeln-Flan mit karamellisierten Schalotten. Seite 134

Pasteten mit Pilzfüllung.
Seite 134

Kartoffel-Flan mit karamellisierten Schalotten

»Kartoffelpüree auf die edle Art«

• Ich suche große Kartoffeln aus, schäle sie und schneide pro Person sechs dünne rechteckige Scheiben von drei mal sechs Zentimetern. Die Kartoffelscheiben in Salzwasser eine Minute kochen und gleich in Eiswasser abschrecken. Auf Küchenkrepp abtropfen lassen.
• Sechs Edelstahlringe oder Flan-Förmchen von etwa zehn Zentimeter Durchmesser kleide ich mit Alufolie aus, die ich vorher mit Butter bestrichen habe. Am Rand ordne ich die Kartoffelscheiben an, immer ein bisschen überlappend, damit es einen schönen Abschluss gibt. Die restlichen Kartoffeln und die geputzten Zwiebeln schneide ich in Würfel und dünste sie in heißer Butter an. Dann gieße ich den heißen Gemüsefond und den Wein dazu und lasse alles etwa zehn Minuten kochen.
• Die Kartoffeln gieße ich ab, hebe aber den Fond auf. Die Hälfte der Kartoffeln püriere ich und vermische sie mit den Eiern. Ich schmecke mit Salz, Pfeffer und Tabasco ab und fülle das Püree dann in meine Förmchen. Die werden im Dampfgarer bei 100 Grad 30 Minuten gegart. Wer keinen hat, setzt die Förmchen auf ein Kuchengitter in einen weiten Topf und gart sie darin. Es geht auch im Backofen mit der Fettpfanne voll heißem Wasser, das dauert aber ein wenig länger.
• Inzwischen putze ich die Schalotten, halbiere sie und dünste sie in Butter glasig. Dann streue ich den Zucker darüber und lasse ihn bräunen.
• Aus den restlichen Kartoffeln mache ich die Soße: Ich gebe Milch zu den Kartoffeln, püriere sie, würze mit Salz, Pfeffer aus der Mühle und einem Spritzer Zitronensaft. Die Flans löse ich aus den Förmchen, setze sie auf heiße Teller und nappiere sie mit der Soße. Die Schalotten mit Salz abschmecken und ab damit auf die Flans!

FÜR 6 PERSONEN *Foto Seite 132*

750 g große Kartoffeln • Salz • Butter für die Förmchen • 2 Zwiebeln • 1 EL Butter • 1 l Gemüsefond (Rezept Seite 44) • 3 EL Weißwein • 2 Eier • Pfeffer • Tabasco • 200 ml Milch • etwas Zitronensaft
Schalotten: 6 Schalotten • 30 g Butter • 1–2 EL Zucker

Pasteten mit Pilzfüllung

»Für alle, die (auch) Fleisch mögen: schmeckt zur Poularde belle aurore«

• Ich lege die sechs rechteckigen Blätterteigscheiben nebeneinander auf die Arbeitsfläche, die ich leicht mit Mehl bestäubt habe. Aus jeder Scheibe steche ich zwei Kreise von acht Zentimeter Durchmesser aus. Vier der Teigstücke steche ich mit einer Gabel mehrmals ein, aus den anderen acht steche ich einen Kreis von vier Zentimetern aus, so dass jeweils ein kleiner Kreis (das werden später die Deckel) und ein Ring entsteht. Je zwei Ringe lege ich auf einen großen Teigkreis und drücke sie leicht an. Eventuell helfe ich mit etwas Wasser nach, damit sie gut zusammenkleben.
• Nun Eigelb und Milch verrühren und die Unterteile und Deckel bestreichen. Den Backofen auf 225 Grad (Umluft 200 Grad, Gas Stufe 5) heizen, die Pasteten 12 bis 15 Minuten backen. Herausnehmen und abkühlen lassen.
• Für die Füllung putze ich alle Pilze sorgfältig und schneide die größeren in Stücke. Ich ziehe die Schalotten ab, würfele sie fein und dünste sie in heißer Butter an. Unter Rühren dünste ich sie etwa fünf Minuten weiter und gebe Salz und Pfeffer aus der Mühle darüber.
• Ich wasche die Petersilie, hacke sie fein. Die Pasteten backe ich im heißen Ofen kurz auf und fülle sie. Voilà!

FÜR 4 STÜCK *Foto Seite 133*

Blätterteigpasteten: 1 Paket TK-Blätterteig (450 g) • 2–3 EL Mehl • 1 Eigelb • 3 EL Milch
Pilzfüllung: 300 g gemischte Pilze (z. B. braune Champignons, Herbsttrompeten, Pfifferlinge, Morcheln) • 2 Schalotten • 20 g Butter • Salz • Pfeffer

Meine Omelett-Variationen

»Die erste Speise, die ich perfekt machen konnte – auch für Gäste«

Ich brate Omeletts natürlich immer in guter Butter, die wird schön heiß gemacht, am besten in einer mittelgroßen Eisenpfanne. Und ich nehme höchstens vier Eier auf einmal, lieber brate ich noch eine Portion extra. Frisch müssen die sein und von glücklichen Hühnern!

• Also, die Eier werden in einer kleinen Schüssel mit einer Gabel geklopft, aber nicht zu lange, sonst werden sie zu flüssig. Etwas Salz und Pfeffer aus der Mühle dazu, und dann gebe ich sie mit einem Schwung in die heiße, haselnussbraune Butter, dass es zischt. Mit der Gabel hebe ich alles rundum an, damit das Flüssige darunterlaufen kann: So wird das Omelett saftig und bekommt keinen trockenen Boden. Glänzend muss es bleiben, aber alles Weiße vom Ei muss gebacken sein – nur dann ist das Omelett von erfreulicher Konsistenz und auch schön gleichmäßig warm.

• Die letzte Minute streue ich reichlich fein geschnittenen Schnittlauch drüber und serviere es offen auf einem warmen Teller, wie eine Pizza. Dazu liebe ich ein Stück getoastetes Baguette mit Butter drauf.

***FÜR 2 PERSONEN** ohne Foto*

4 Eier • Salz • Pfeffer • 2 EL Butter • ½ Bund Schnittlauch

VARIANTEN:

Mit Käse

Mein Sohn Louis liebt sein Omelett etwas fester gegart und mit geriebenem Käse (Parmesan und Emmentaler) bestreut. Zum Schluss rolle ich es schnell zusammen – so schmilzt der Käse in der heißen Rolle. Köstlich!

Mit Trüffeln

Dazu schneide ich Trüffeln zuerst mit dem Hobel in feine Scheiben, dann in ganz feine Streifchen. Die eine Hälfte der Trüffeln backe ich im Omelett, die andere Hälfte streue ich darauf, nur mit etwas Fleur de Sel und einem Hauch frischem Pfeffer aus der Mühle. Luxus pur!

Käsesoufflé

»Mit Soufflé haben Sie kein Glück? Dies ist einen neuen Versuch wert!«

• Ich heize den Backofen auf 200 Grad vor (Umluft 180 Grad, Gas Stufe 4). Dann schmelze ich die Butter zusammen mit dem Mehl unter ständigem Rühren im Topf. Attention: Einen Kochlöffel aus Holz nehmen! Das Ganze zwei Minuten dünsten. Ich gieße kalte Milch dazu und rühre jetzt mit dem Schneebesen, damit sich alles schön auflöst. Salz, Piment d'Espelette und eine Prise Muskat hinein und alles wieder zum Kochen bringen.

• Den Topf ziehe ich vom Feuer, trenne die Eier und rühre die Eigelb unter, eins nach dem anderen. Unter diese Masse hebe ich den geriebenen Käse. Aufgepasst: Der Käse darf jetzt noch nicht schmelzen!

• Die Eiweiß und eine Prise Salz schlage ich zu Eischnee und hebe ihn vorsichtig unter die Käsemasse. Auch hier muss man auf den genauen Zeitpunkt achten: Das Eiweiß darf nicht allzu fest sein, damit es Kraft noch hat und das Soufflé nicht zu schnell zusammenfällt.

• Vier Soufflé-Förmchen à 150 Milliliter fette ich gut mit zerlassener Butter aus und gebe meine Soufflémasse hinein. Mit dem Daumen wische ich den inneren Rand ab, damit das Soufflé nirgends anklebt und schön regelmäßig aufgehen kann. Es dauert etwa 20 Minuten, bis das Käsesoufflé herrlich goldbraun ist.

Dazu kann's hauchdünne Scheiben vom Lieblingsschinken geben und etwas grünen Salat – perfekt!

***FÜR 4 FÖRMCHEN** Foto oben*

40 g Butter • 40 g Mehl • 300 ml Milch • Salz • Piment d'Espelette • Muskat • 3 Eier • 150 g kräftiger Käse (Emmentaler oder Comté) • Butter für die Förmchen

»Desserts wurden wohl nur erfunden, weil man *nicht möchte, dass etwas so Schönes zu Ende geht.* Wir wollen diesen Moment festhalten. *Und deshalb versüßen wir ihn* auf wunderbare Weise.«

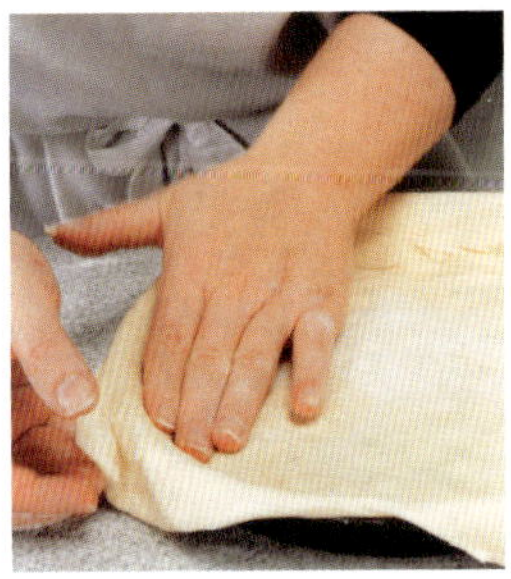

Feinarbeit: Lea Linster legt eine Tarteform aus

Wirklich schade, dass man sein Dessert nicht aufheben kann. Am Abend, nach einem Menü, wäre einem der Käse ja eigentlich genug, um den Magen hübsch zu schließen. Aber es gibt traumhafte Süßspeisen: mit Schokolade, mit Früchten, mit Sahne. Gefroren, gebacken oder geschäumt. Wer will da schon widerstehen? Ich finde, solch ein Dessert wäre am nächsten Nachmittag, wenn uns im Alltag der Appetit überfällt, auch sehr angenehm. Eine Crème caramel am Schreibtisch, ein Kiwi-Sorbet, ein Stück von der Rhabarber-Tarte, ein Marlenchen ... Wer bringt es uns?

»Ein gutes Essen braucht *ein schönes Dessert.* Voilà!«

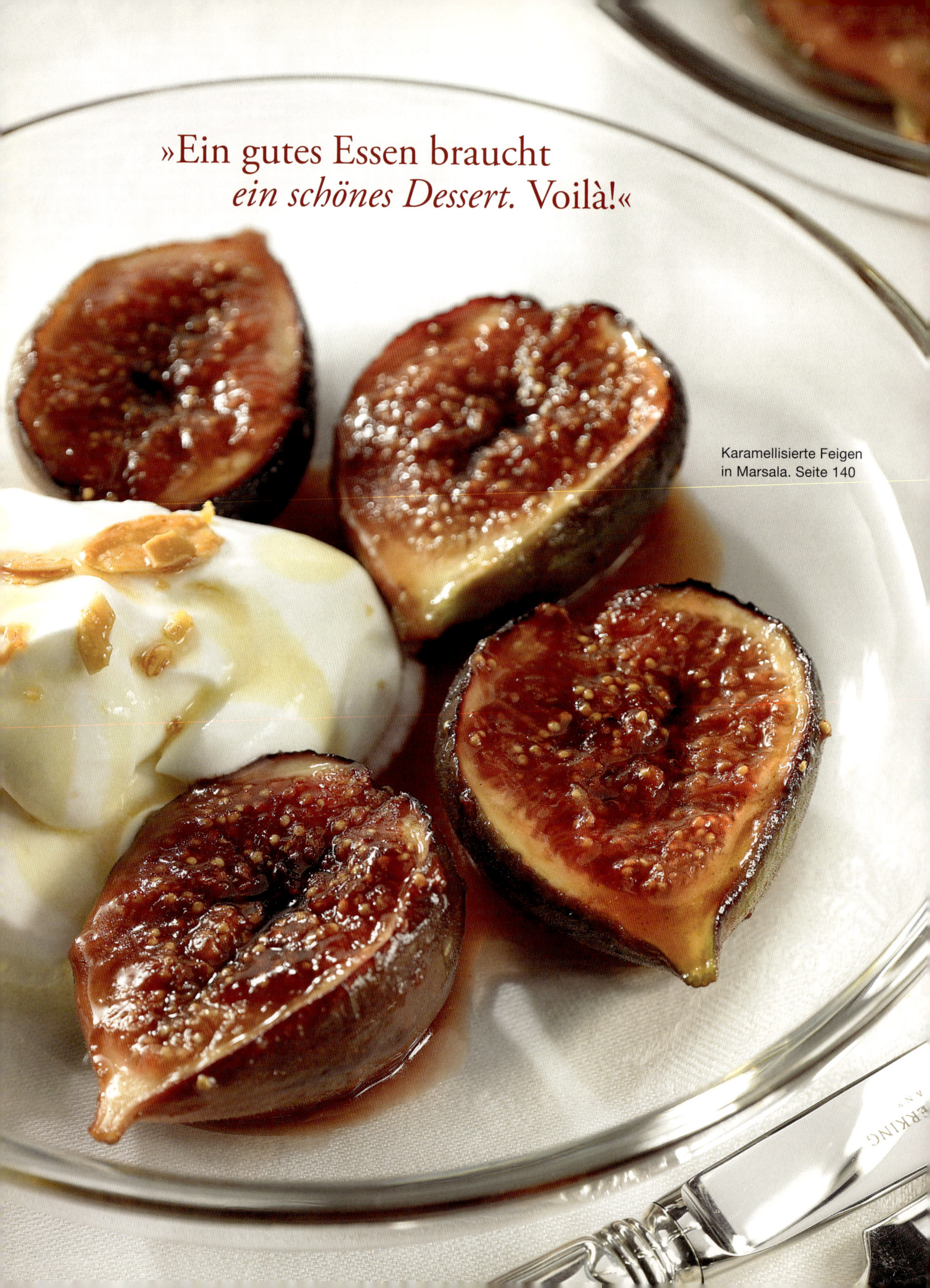

Karamellisierte Feigen in Marsala. Seite 140

Crêpes normandes – Apfelpfannkuchen. Seite 140

Karamellisierte Feigen in Marsala

»Köstlich mit frischen Feigen!«

• Schön reif müssen sie sein, dunkel, saftig, mit rotem Fleisch. Ich schneide die Feigen am Strunk gerade und halbiere sie dann. Ich erhitze die Butter in einer mittleren Pfanne und streue einen ungehäuften Esslöffel Zucker gleichmäßig hinein. Auf große Hitze stellen und die Feigen mit der Schnittseite nach unten in die Pfanne reihen. Ich streue nochmals Zucker darüber und lasse die Feigen so von beiden Seiten karamellisieren.
• Ich lösche die Feigen in der Pfanne mit Marsala ab. Anschließend gebe ich noch einen guten Schuss feinsten milden Balsamico-Essig dazu. Voilà! Ich nehme die karamellisierten Feigen vorsichtig aus der Pfanne und lege sie auf eine Platte. Den Jus lasse ich noch eine Minute reduzieren. Ich schmecke ihn mit Zitronen- oder Orangensaft ab, träufele ihn über meine Feigen und lasse sie bei Zimmertemperatur abkühlen.
• Inzwischen mache ich die Dekoration: Ich röste dafür die Mandelblättchen mit einem Esslöffel Zucker in einer Pfanne schön goldbraun und lasse sie karamellisieren. Dann gebe ich sie zum Abkühlen sofort auf ein mit Öl bestrichenes Stück Alufolie. Anschließend zerbröckle ich sie grob, so dass sie streufähig werden.
• Außerdem bereite ich eine feine Sahne dazu: Ich gebe die kalte Sahne in eine Metallschüssel, die ich auf Eis kühl halte, und schlage sie halb steif. Dann hebe ich vorsichtig die dicke saure Sahne darunter, schlage die Sahne noch mal auf und stelle sie kalt.
• Ich serviere mein Dessert am liebsten auf Glastellern, das ist am dekorativsten. Pro Person gibt's vier halbe Feigen, zwei sollten mit der Schnittseite nach oben liegen: Sie nehmen die Soße so wunderbar auf, dass es ein wahrer Genuss ist. Also, die Sahne dazugeben, und darauf träufele ich etwas Ahornsirup und streue die karamellisierten Mandelblättchen als Knusperkontrast darüber. Die Feigen schmecken lauwarm oder kalt, die Sahne muss natürlich immer kalt sein. Bon appétit!

***FÜR 4 PERSONEN** Foto Seite 138*

8 Feigen • 10 g Butter • 2 EL Zucker • 100 ml Marsala • 1–2 EL Balsamico • 2 EL Zitronen- oder Orangensaft
Dekoration: 2 EL Mandelblättchen • 1 EL Zucker • 1 EL neutrales Öl • 100 g Sahne • 2 EL saure Sahne • 1 TL Ahornsirup

Crêpes normandes

»Die traditionellen Apfelpfannkuchen sollen immer schön dünn sein«

• Ich schäle die Äpfel, steche das Kerngehäuse aus und schneide sie in dünne Scheiben. Damit sie nicht braun werden, lege ich sie sofort in Zitronenwasser.
• Dann die Milch, die flüssige Butter, die Eier und das Eigelb für den Teig verrühren. Ich hebe das gesiebte Mehl, den Zucker und eine Prise Salz unter. Den Teig lasse ich zehn Minuten quellen.
• Ist die Zeit um, erhitze ich die geklärte Butter in der Pfanne. Die Apfelscheiben lege ich leicht überlappend hinein, schön genau am Rand entlang. Ich gebe zwei bis drei Esslöffel vom Teig hinein und brate meinen Crêpe bei mittlerer Hitze braun. Zwischendurch schiebe ich etwas kalte Butter darunter! Ich lasse den Crêpe auf einen flachen Teller gleiten und drehe ihn um. Nun kann er auf der anderen Seite hellbraun backen.
• Aus den restlichen Apfelscheiben und dem Teig brate ich weitere Crêpes und stelle sie warm.
• Für den Calvados-Karamell gebe ich die Butter in die Pfanne und karamellisiere den Zucker darin – der Zucker sollte gerade eben aufgelöst, also nicht zu dunkel sein. Vorsichtig gieße ich den Calvados zu und koche ihn, bis er eine cremige Konsistenz hat. Den Calvados-Karamell über die Crêpes gießen und gemeinsam genießen!

***FÜR 4 CRÊPES** Foto Seite 139*

2 feste Äpfel (z. B. Granny Smith) • 1 Zitrone
Teig: 375 ml Milch • 2 EL flüssige Butter • 2 Eier • 1 Eigelb • 200 g Mehl • 1 EL Zucker • Salz • 2 EL geklärte Butter (Rezept Seite 113) und 1 EL kalte Butter zum Braten
Karamell: 1 EL Butter • 70 g Zucker • 50 ml Calvados

Kiwi-Sorbet

»Ein cooles Highlight mit Früchten vom anderen Ende der Welt«

• Die Kiwis sollen gut reif, aber keinesfalls überreif sein. Ich schäle sie und schneide den harten Stielansatz raus. Das Fruchtfleisch schneide ich klein und lege es auf einen Teller. Ich träufele Limettensaft darüber, und für eine Stunde geht's ab damit in den Tiefkühler!

• Ich koche den Zucker mit 125 Milliliter Wasser so lange, bis der Zucker aufgelöst und ein Sirup entstanden ist. Den Sirup abkühlen lassen.

• Ist die Stunde um, püriere ich die gekühlten Kiwis im Mixer der Küchenmaschine zusammen mit 125 Gramm vom Zuckersirup. Die Masse tue ich in die Eismaschine und lasse sie gefrieren. Das fertige Sorbet gebe ich einfach in einen Spritzbeutel mit Sterntülle und drapiere es in kleine vorgekühlte Gläser. Köstlich!

Wenn Sorbet übrig bleibt, bewahre ich es im Spritzbeutel im Tiefkühler auf: So hat man immer ein Highlight als Dessert oder Zwischengang parat!

FÜR 8 KLEINE GLÄSER *Foto oben*

5 Kiwis (300 g Fruchtfleisch) • 1 Limette • 125 g Zucker

Klassische Crème caramel

»Wer hat's erfunden? Die Italiener oder die Spanier oder …«

• Zuerst fette ich die Förmchen mit der Butter, dann mache ich den Karamell: Dafür koche ich den Zucker so lange mit 50 Milliliter Wasser, bis ein schöner, hellbrauner Karamell entstanden ist. Ich rühre noch zwei Tropfen Zitronensaft darunter, verteile den Karamell auf acht Förmchen und lasse ihn fest werden.

• Ich schlitze die Vanilleschote auf, bringe sie mit der Milch zum Kochen und lasse sie fünf Minuten ziehen. Inzwischen vermische ich die Eier, die Eigelb und den Zucker mit einem Schneebesen. Die Milch lasse ich nochmals aufkochen, rühre die heiße Milch unter die Eimasse und gieße alles durchs Haarsieb – gleich auf den Karamell in die Förmchen.

• Den Backofen auf 180 Grad vorheizen (Gas Stufe 3, Umluft lieber nicht). Ich fülle eine größere Form oder die Saftpfanne des Backofens mit heißem Wasser und stelle die Förmchen hinein. Im heißen Wasserbad soll die Crème caramel 30 Minuten stocken.

• Wenn die Crème abgekühlt ist, löse ich sie mit einem spitzen Messer vom Rand der Förmchen, stürze sie ganz vorsichtig auf die Dessertteller und lasse den Karamell schön darüberträufeln. Fantastisch!

FÜR 8 PERSONEN *Foto oben*

etwas Butter für die Förmchen
Karamell: 150 g Zucker • 2–3 Tropfen Zitronensaft
Creme: ½ l Milch • 1 dicke Vanillestange • 2 Eier • 4 Eigelb • 125 g Zucker

Mascarpone-Mousse
mit Himbeeren und
Milchschaum. Seite 145

Marlenchen – Petit fours mit Maronen. Seite 145

»Was macht man mit *Maronen?* Am allerliebsten süße Marlenchen!«

Soufflé Hilda mit Erdbeersalat

»Es gelingt im Tiefkühler oder in der Eismaschine – ganz wie's beliebt«

Der Klassiker der französischen Küche gehört immer noch zu meinen Lieblingsdesserts: Ich musste es nämlich bei meiner Meisterprüfung machen – ein Soufflé glacé, ein gefrorenes Soufflé also. Ich bin sicher: Das schaffen Sie auch meisterhaft!

• Es beginnt damit, dass ich den Zucker in 50 Milliliter Wasser aufkoche und drei bis vier Minuten köcheln lasse. Ich gebe immer ein paar Tropfen Zitronensaft hinein, so schmilzt der Zucker sehr gut, und die Gefahr, dass alles verklumpt, ist garantiert gebannt.

• Inzwischen schlage ich die Eiweiß mit der Küchenmaschine auf, aber nicht zu fest! Dann stelle ich die Maschine auf eine niedrigere Stufe und lasse den heißen Zuckersirup in einem ganz dünnen Faden ins Eiweiß laufen. Danach schlage ich die Eiweißmasse schön fest und dicht und lasse sie abkühlen.

• Nun muss ich nur noch die Sahne steif schlagen, den Saft von ein bis zwei Zitronen zugeben und die Sahne nochmals durchschlagen. Ich vermische die Sahne sorgfältig mit dem Eischnee. Voilà! Am liebsten lege ich dann eine möglichst schlanke Form mit Backpapier aus, fülle die Masse hinein und stelle sie für eine Nacht in den Tiefkühler. So kann ich später sehr dekorative Scheiben abschneiden. Alternativ kann man die Masse für mein Soufflé glacé aber auch einfach in die Eismaschine geben, das Eis ist in nur 20 Minuten gefroren.

• Fürs Erdbeermark müssen die Erdbeeren ordentlich reif sein und am besten aus dem eigenen Garten oder bio. Qualität eben! Wie immer: waschen, putzen und klein schneiden. Ich erhitze die Früchte mit 200 Gramm Zucker und lasse sie ein paar Minuten köcheln. Anschließend passiere ich sie durch ein feines Haarsieb.

• Für den Erdbeersalat die Erdbeeren waschen, putzen, halbieren und mit Zucker bestreuen. Zesten von der Limettenschale abziehen und erst einmal beiseite stellen. Etwas Limettensaft über die Erdbeeren geben. Alles vermischen und eine halbe Stunde ziehen lassen.

• Zum Servieren schneide ich mit einem vorgewärmten Messer eine schöne dicke Scheibe vom Soufflé Hilda ab. Ich lege sie in die Mitte des Tellers, dressiere den Salat drum herum und gebe etwas vom Erdbeermark und die Limetten-Zesten darüber. Bon appétit!

FÜR 6 PERSONEN *Foto oben*

4 EL Zucker • 1–2 Zitronen • 2 Eiweiß • 200 g Sahne
Erdbeermark: 200 g Erdbeeren • 200 g Zucker
Erdbeersalat: 300 g Erdbeeren • 1 EL Zucker
• ½ Limette

Mascarpone-Mousse mit Himbeeren

»Das perfekte Sommer-Dessert: erfrischend, leicht und schnell«

Ich serviere das Dessert im Glas – das sieht erfrischend aus und hat den Vorteil, dass die Konsistenz schaumig und leicht sein kann. Denn das Glas hält die Creme in Form, und so komme ich ganz ohne Gelatine aus!

• Los geht's: Ich schlage erst die Sahne und verrühre sie mit dem Mascarpone und dem Zucker zu einer glatten Creme. Die Creme fülle ich in die Gläser und stelle sie in den Kühlschrank, damit sie etwas fester wird und die Himbeeren nachher nicht bis unten durchfallen.

• In jedes Glas gebe ich dann fünf bis sechs ganze Himbeeren und einen Löffel Himbeermark. Für das Mark nehme ich die Himbeeren, die weniger schön sind, zerdrücke sie mit einer Gabel und süße mit etwas Zucker.

• Für den Milchschaum fülle ich Milch, Sahne, Vanillemark und Eiswürfel in einen schmalen hohen Mixbecher. Das Ganze schäume ich auf, indem ich den Stabmixer immer hochziehe und kräftig Luft untermixe. Mit einem Esslöffel schöpfe ich den Schaum ab und gebe je zwei Löffel über die Himbeeren. Genießen Sie den Sommer!

Der Milchschaum kommt natürlich erst im letzten Augenblick aufs Dessert – aber die Gläser mit den Beeren und der Mousse können ruhig schon fertig im Kühlschrank warten.

FÜR 4 PERSONEN *Foto Seite 142*

200–250 g Himbeeren • etwas Zucker
Creme: 5 EL Sahne • 125 g Mascarpone • 1 EL Zucker
Milchschaum: 100 ml Milch • 100 ml Sahne • ½ Vanilleschote • 3 Eiswürfel (40 g)

Marlenchen – knusprige Petit fours mit Maronen

»In der dunklen Jahreszeit heitern sie ganz wunderbar auf«

• Für den Teig verrühre ich Mehl und Butter, knete etwas Salz und 50 bis 60 Milliliter Wasser unter. Ich wickle ihn in Folie und lege ihn zwei Stunden in den Kühlschrank.

• Die Eier werden mit dem Zucker schaumig geschlagen, dann gebe ich das ausgekratzte Vanillemark dazu und schlage weiter, bis eine cremige Masse entsteht. Nach und nach hebe ich die fein gehackten Mandeln und Nüsse und alle anderen Zutaten vorsichtig unter.

• Jetzt rolle ich den Teig dünn aus und lege ovale Förmchen von vier Zentimeter Länge aus, die ich vorher mit Butter fette. Es geht auch mit der Form für zwölf Muffins. Ich gebe meine Maronenmasse darauf und backe alles etwa 30 Minuten bei 160 Grad (Umluft 140 Grad, Gas Stufe 3) im Backofen. Fertig sind meine Marlenchen!

FÜR 18 MARLENCHEN *Foto Seite 143*

Teig: 250 g Mehl • 125 g Butter • Salz • etwas Butter für die Förmchen
Füllung: 2 Eier • 150 g Zucker • 1 Vanilleschote • 150 g Mandeln • 50 g Haselnüsse • 3 EL süßes Maronenpüree (Dose) • 3 EL Maronenstückchen, glasiert oder in Sirup (fertig zu kaufen) • 1 EL Rum • 1 Messerspitze Backpulver

Eierlikör

»Schmeckt nicht nur zu Ostern – aber die Eier müssen ganz frisch sein!«

• Es geht schön schnell: Ich schlage die Eigelb und den Zucker (man kann weißen oder braunen nehmen) mit den Quirlen des Handrührers hell und schaumig. Dann rühre ich die eisgekühlte Sahne und den Cognac unter und serviere den Likör in vorgekühlten Gläsern – fertig!

FÜR 4 GLÄSER *ohne Foto*

2 Eigelb • 1 EL Zucker • 3 EL Sahne • 2–3 EL Cognac

»Es geht wirklich *nichts* über
selbst gemachte *Pralinen*.
Sehen Sie selbst!«

Trüffel mit Maracuja-Mark.
Seite 148

Himbeer-Charlotte. Seite 148

Trüffel mit Maracuja-Mark

»Aufgepasst: Die Schokoladenmasse muss zwölf Stunden kühlen!«

• Ich nehme sehr gute Vollmilchschokolade, hacke sie und gebe sie in eine Metallschüssel. Dann koche ich die Sahne mit mildem Honig und dem Maracuja-Mark auf, gieße die Masse über die Schokolade und lasse alles zehn Minuten ziehen – so schmilzt die Schokolade.

• Mit dem Stabmixer wird's schön verrührt und noch eine Viertelstunde stehen gelassen. Dann ziehe ich die Butter in Flöckchen unter die Schokoladenmasse und stelle sie für zwölf Stunden kalt.

• Aus der Schokoladenmasse modelliere ich mit zwei Teelöffeln 30 kleine Häufchen, forme sie noch ein bisschen nach und stelle sie wieder kalt.

• Jetzt schmelze ich die Kuvertüre über einem heißen Wasserbad. Ich spieße Trüffel für Trüffel auf eine Pralinengabel, tauche sie nacheinander nur kurz in die Kuvertüre und lasse sie dann trocknen. Sobald die Schokolade fest wird, kann man sie mit der Pralinengabel noch etwas hin- und herrollen, damit sie eine schöne Oberfläche bekommen. Ich bestäube sie noch mit Kakao – und freue mich über diese himmlische Verbindung von Schokolade und Frucht!

Eine gute Alternative zum Maracuja-Mark sind pürierte, durch ein feines Haarsieb gestrichene Himbeeren. Reifes püriertes Mango-Fruchtfleisch passt ebenfalls ganz ausgezeichnet.

FÜR 30 STÜCK *Foto Seite 146*

150 g dunkle Kuvertüre • Kakao zum Bestäuben
Trüffelmasse: 250 g Vollmilchschokolade • 50 g Sahne • 1 TL Akazien-Honig • 80 g Maracuja-Mark (tiefgefroren oder aus dem Glas) • 30 g Butter

Himbeer-Charlotte

»Ein Dessert-Klassiker aus Frankreich – leider ziemlich kompliziert ...«

• Für die Löffelbiskuits die Eier trennen und die Eiweiß steif schlagen. Eigelb und Zucker hell und schaumig schlagen, bis sich der Zucker gelöst hat. Eischnee und gesiebtes Mehl hebe ich unter die Eigelbcreme. Ich fülle den Teig in einen Spritzbeutel mit runder Tülle von einem Zentimeter Durchmesser und lege ein Blech mit Backpapier aus. Darauf spritze ich zehn Teigstreifen von zwölf Zentimeter Länge. Den Teig bestäube ich leicht mit Puderzucker. Attention: Den überschüssigen Puderzucker abschütteln, sonst karamellisiert er!

• Die Biskuits müssen im vorgeheizten Backofen bei 160 Grad (Gas Stufe 3, keine Umluft!) etwa 15 Minuten backen. Sofort danach lasse ich etwas kaltes Wasser unters Papier laufen, so lassen sich die Biskuits gut abnehmen. Biskuits auf dem Kuchengitter abkühlen.

• Aus dem Zucker und 100 Milliliter Wasser koche ich etwa 200 Milliliter Zuckersirup. Einige Himbeeren lege ich beiseite, den Rest püriere ich mit dem Stabmixer. Himbeermus durchs Sieb streichen – nun heißt es Coulis – und mit dem Zuckersirup vermischen.

• Ich weiche die Gelatine in kaltem Wasser ein, tue sie tropfnass in einen kleinen Topf und erhitze sie dann kurz, damit sie sich auflöst. Ich gebe ein wenig von der Himbeercoulis dazu, verrühre alles ganz glatt und rühre die restliche Coulis hinein. Erst wenn sie anfängt, fest zu werden (ein Schnitt mit dem Messer bleibt sichtbar), hebe ich die steif geschlagene Sahne darunter. Die Himbeercreme halte ich im Kühlschrank kalt.

• Jetzt stelle ich einen Tortenring von 18 Zentimeter Durchmesser auf eine Platte und rundherum die Löffelbiskuits mit der Puderzuckerseite nach außen hinein. Den Boden lege ich mit halbierten Löffelbiskuits aus und fülle die Form mit der Himbeercreme.

• Die Charlotte muss im Kühlschrank fest werden – mindestens drei Stunden. Vor dem Servieren dekoriere ich mit den schönsten Himbeeren und bestäube alles mit Puderzucker. Lassen Sie sich für Ihr Werk loben!

FÜR 8 PERSONEN *Foto Seite 147*

Löffelbiskuits: 2 Eier • 65 g Zucker • 50 g Mehl • etwas Puderzucker
Himbeercreme: 150 g Zucker • 500 g Himbeeren • 6–8 Blatt Gelatine • 400 g Sahne • etwas Puderzucker

Pâte de Fruits – Aprikosen-Fruchtkonfekt

»Die Aprikose ist eine Frucht so ganz nach meinem Herzen: ein echtes Allround-Talent«

Am liebsten mache ich Pâte de Fruits mit Aprikosen, weil es mit ihnen am einfachsten geht und sie immer wunderbar schmecken, ohne zu süß zu sein.

• Ich nehme reife und aromatische Früchte, blanchiere sie einmal, gebe sie also für drei Minuten in kochendes Wasser und schrecke sie sofort kalt ab. Danach werden sie halbiert, und der Stein wird entfernt.

• Die blanchierten Aprikosen kommen in den Mixer der Küchenmaschine und werden püriert. Das Fruchtpüree tue ich in einen großen Topf und bringe es zum Kochen. Dabei rühre ich immer wieder um. Attention: In diesem Fall braucht man unbedingt einen Kochlöffel oder -spatel aus Holz! Wenn alles kocht, kommt eine Mischung aus dem Geliermittel (z. B. Gelfix) und 50 Gramm Zucker hinein und wird eine Minute lang gekocht. Danach gebe ich den restlichen Zucker hinein.

• Die Aprikosen-Zucker-Mischung muss fünf Minuten richtig schön kochen. Dabei rühre ich ständig mit einem Holzspatel, damit nichts karamellisiert oder gar am Boden anbrennt. Nach der Halbzeit gebe ich eine schöne Nuss Butter dazu und rühre immer kräftig weiter.

• Jetzt lege ich eine rechteckige Form mit Backpapier aus und streiche die Aprikosenmasse hinein, sie soll ein bis anderthalb Zentimeter hoch sein. Zum Abkühlen und Festwerden braucht es etwa zwei Stunden. Die Form wähle ich so, dass ich später möglichst gleichmäßige Stücke oder Würfel schneiden kann.

• Zum Schluss wälze ich die hübschen Stückchen in Kristallzucker, das ist sehr dekorativ. Ganz raffiniert wird es, wenn man noch ein paar Lavendelblüten unter den Zucker mischt! Die Pâte de Fruits lässt sich übrigens – luftdicht verpackt – einwandfrei zwei Monate im Kühlschrank aufbewahren. In Stücke schneiden und zuckern darf man sie aber erst vor dem Servieren – oder Verschenken. Kleiner Tipp: Wenn die Stückchen gar zu trocken sind und der Kristallzucker nicht kleben will, nimmt man einfach einen Backpinsel, befeuchtet ihn mit etwas Wasser und streicht kurz darüber. Voilà!

Die Aprikose ist in der Pâtisserie unentbehrlich, sie gibt anderen Früchten etwas von ihrem Glanz ab: Die meisten Obstkuchen und -torten sehen einfach besser aus und schmecken viel spritziger durch das süß-säuerliche, leicht bittere Aroma der Aprikose. Dafür kauft man Aprikosenaufstrich am besten fertig, er braucht nur noch erwärmt zu werden und wird dann mit einem Pinsel auf das noch nicht ganz abgekühlte Gebäck aufgetragen.

FÜR 28 STÜCK *Foto oben*

600 g reife Aprikosen • 30 g Geliermittel • 600 g Zucker • 20 g Butter • 50 g Kristallzucker • evtl. 1 TL Lavendelblüten

Rührkuchen im 4/4-Takt

»Für andere backen, das ist Liebe!«

Es ist der einfachste und beste Rührkuchen weit und breit, denn man braucht nur vier klassische Zutaten: Eier, Butter, Zucker und Mehl. Das einzige Geheimnis: Alle Zutaten müssen Zimmertemperatur haben!

• Zunächst wiege ich die Eier – es sollen, wie von den anderen Zutaten auch, 230 Gramm sein (ohne Schale). Mit einem Schneebesen verrühre ich die weiche Butter und den Zucker heftig, ungefähr drei bis vier Minuten. Danach ein Ei aufschlagen und ganz verrühren, bis die Masse wieder bindet. Dann mit den anderen Eiern nach und nach genauso verfahren. Ich gebe gern noch eine gute Prise Salz hinein, so wird der Teig würziger.

• Die Masse ist nun glatt, ich hebe das gesiebte Mehl darunter: mit einem Holzlöffel und schön zart und mit Gefühl. Wenn Sie dem Teig beim ersten Mal nicht recht trauen, geben Sie einen halben Teelöffel Backpulver zum Mehl. Aber wirklich nicht mehr, denn der Geschmack ist viel besser ohne das geliebte Hilfsmittelchen!

• Eine beschichtete Kasten-Backform (26 Zentimeter lang) leicht buttern und mit einem langen schmalen und einem kürzeren breiten Backpapierstreifen auslegen – so kommt der Kuchen in den Backofen und sieht fast professionell aus. Aber hoffentlich nur fast, denn der Charme liegt darin, dass man erkennt: Er ist mit Liebe selbst gebacken! Also den Teig nun in die Form tun und mit ein paar Mandelblättchen bestreuen. Die Form stoße ich mit beiden Händen waagerecht auf den mit einem Tuch belegten Tisch, so dass sich der Teig perfekt verteilt. Ich lasse ihn eine halbe Stunde ruhen und schiebe ihn dann für knapp eine Stunde bei 180 Grad (Umluft 160 Grad, Gas Stufe 3) in den Backofen.

• Wenn der Kuchen schön goldbraun gebacken und oben aufgeplatzt ist, stelle ich ihn auf einen Gitterrost, lasse ihn fünf Minuten ruhen, hebe ihn mit dem Papier heraus und lasse ihn auf einem Rost abkühlen.

Mein Rührkuchen schmeckt auch mit Rum und Rosinen, mit Zuckerguss, mit Schokostückchen und -glasur, mit kandierten Zitronenstückchen und Zitronensaft oder Orangenstückchen und -saft ...

FÜR 1 KUCHEN *ohne Foto*

---

4 Eier (insgesamt 230 g) • 230 g Butter • 230 g Zucker • 1 Prise Salz • 230 g Mehl • evtl. ½ TL Backpulver • etwas Butter für die Form • 1 EL Mandelblättchen

Gewürzgelee mit Erdbeeren

»Wenn man Zitrusschale braucht, bitte immer Bio-Früchte nehmen«

• Ich wasche die Bio-Orange und die Bio-Zitrone heiß ab, trockne sie mit Küchenpapier und ziehe von jeder Frucht etwa einen Teelöffel Zesten, also feine Streifen, ab. Den Zucker koche ich mit einem halben Liter Wasser auf und gebe die Zesten, die Nelke, die aufgeschlitzte Vanilleschote und den Koriander hinein. Aufkochen lassen und vom Herd nehmen.

• Den Ingwer schäle ich, hacke ihn fein und gebe ihn zum Sirup. Minzeblätter ebenfalls zufügen. Ich lasse alles eine Viertelstunde ziehen, schmecke mit zwei Esslöffel Zitronensaft ab und gieße es durchs Haarsieb.

• Die Gelatine weiche ich in kaltem Wasser ein, drücke sie leicht aus und gebe sie in die heiße Flüssigkeit. Ich lasse alles abkühlen und gieße es dann in vier schöne Gläser – das Gelee soll darin erstarren.

• Die Erdbeeren werden geputzt, klein geschnitten und auf das feste Gewürzgelee gegeben. Die Milch schäume ich auf und gebe sie auch darauf. Zur Deko bestreue ich das köstliche Dessert mit gehackten Pistazien.

FÜR 4 PERSONEN *Foto oben*

½ Orange • ½ Zitrone • 50 g Zucker • 1 Gewürznelke • ½ Vanilleschote • 1 TL gemahlener Koriander (5 g) • 20 g Ingwer • 5 Minzeblättchen • 4 Blatt weiße Gelatine • 500 g Erdbeeren • 100 ml Milch • 1–2 EL Pistazien

Echte heiße Schokolade

»... für echt kalte Tage – eine Freude wie in der Kinderzeit«

• Ich hacke die Schokolade mit einem großen Küchenmesser fein. Die Milch bringe ich mit dem Kakaopulver und einem Viertelliter Wasser zum Kochen. Sobald die Flüssigkeit kocht, gebe ich die Schokoladenstückchen hinein und lasse das Ganze zehn Minuten köcheln. Ich rühre ab und zu um, damit die Masse nicht unten klebt. Alles durch ein Haarsieb in einen anderen Topf passieren, abkühlen lassen und ab und zu umrühren. Fertig!
• Vor dem Servieren erhitze ich die Schokolade nochmals gut, lasse sie aber nicht mehr aufkochen. Meine Schokolade schmeckt übrigens heiß und kalt.

Für alle, die keine Angst vor Kalorienbomben haben, gibt's eine Sahnehaube. Kinder mögen gern noch etwas Zucker dazu. Und für einen besonderen Geschmack kann man in der Milch auch mal eine zerkleinerte Zimtstange mitkochen.

FÜR 4 BECHER *Foto oben*

200 g Schokolade (70 % Kakao) • 600 ml Milch • 20 g Kakaopulver • evtl. 4 EL Sahne

Schokolade

Schokolade ist ein wunderbares Naturprodukt, und zum Glück sind jetzt viele gute Qualitäten von Traditionsfirmen und kleinen handwerklichen Betrieben auf den Markt gekommen. Ich finde, man sollte Schokolade unverfälscht und hochprozentig genießen – also Schokolade mit einem möglichst hohen Anteil an Kakao verwenden. Dann reicht es einem auch für den Genuss, nur ein Stückchen ganz langsam auf der Zunge schmelzen zu lassen ... Hier noch schnell die Tricks, Schokolade richtig zu schmelzen und eine gute Schokoladensoße zu machen.

So geht's:

1 Die Schokolade zum Schmelzen immer gut klein schneiden oder raspeln, in eine Edelstahlschüssel geben und auf ein heißes, aber nicht kochendes Wasserbad stellen. Ich decke die Schokolade mit einem Teller zu und lasse sie zehn Minuten schmelzen.

2 Nur für eine köstliche Schokoladensoße mache ich's ein wenig anders: Ich erhitze in einer kleinen Kasserolle 50 Milliliter Wasser mit einem Esslöffel Zucker, bis er geschmolzen ist. Dann gieße ich 60 Milliliter Sahne dazu, koche sie auf und gebe 60 Gramm klein gehackte Schokolade (70 % Kakaoanteil) hinein. Ich nehme den Topf vom Feuer und lasse alles zugedeckt etwa fünf Minuten ziehen. Voilà: nun noch einmal mit dem Schneebesen gut durchrühren – und fertig!

»Es gibt Klassiker,
die bleiben immer aktuell.
Was wären wir ohne Mousse?«

Mousse au Chocolat. Seite 154

Rhabarber-Tarte. Seite 154

Mousse au Chocolat

»Schnell noch ein Klassiker von mir«

• Ich schmelze die Schokolade, wie es auf Seite 151 beschrieben ist. Aus 100 Milliliter Wasser und dem Zucker koche ich inzwischen einen Zuckersirup. Dann schlage ich die beiden frischen Eigelb so lange, bis sie schön schaumig und hell sind, und gebe nur etwa 50 Milliliter vom heißen Sirup dazu. Ich schlage immer weiter, bis die Masse cremig und hell ist. Dann erst kommt die geschmolzene Schokolade hinein, und alles wird gut verrührt. Zum Schluss hebe ich noch ganz behutsam die steif geschlagene Sahne darunter – und fertig ist meine klassische Mousse au Chocolat!

FÜR 4 PERSONEN *Foto Seite 152*

200 g dunkle Schokolade (70 % Kakaoanteil) • 100 g Zucker • 2 Eigelb • 300 g Sahne

Arlettes – Gebäck aus Blätterteig

»Himmlisch süß, himmlisch zart«

• Die Blätterteigscheiben müssen zunächst nebeneinander auftauen. Aus jeder Scheibe steche ich zwei Kreise (sieben Zentimeter Durchmeser) und rolle sie auf wenig Mehl zu Ovalen aus, die etwa 18 Zentimeter lang werden sollen. Voilà! Ich muss nur noch die Vanilleschote aufschlitzen und das Mark herauskratzen. Mit dem Zucker vermischt streue ich es auf eine Arbeitsplatte. Ich lege die Blätterteig-Ovale darauf und rolle einmal mit der Kuchenrolle darüber, damit der Vanillezucker schön auf der Teigoberfläche haften bleibt. Ich drehe die Ovale um und rolle noch einmal darüber.
• Jetzt lege ich das Blech mit Backpapier aus und die Blätterteig-Ovale darauf. Mit einer Gabel steche ich ein paarmal hinein, so bleiben die Arlettes schön flach. Im vorgeheizten Backofen sollen sie etwa fünf Minuten bei 225 Grad backen (Umluft 200 Grad, Gas Stufe 5). Schnell und beliebt zum Espresso, auch mit Vanillesahne.

FÜR 8 STÜCK *ohne Foto*

4 Scheiben Blätterteig • etwas Mehl zum Ausrollen • 1 Vanilleschote • 4 EL Zucker

Rhabarber-Tarte

»Sie ist einfach und gelingt immer. Frühlingsgenuss pur!«

• Zuerst mache ich den Teig: Ich verknete das Mehl, die weiche Butter, das Backpulver, den Zucker, das Ei, das Öl und die Sahne schnell zu einem Mürbeteig. Den wickle ich dann gut in Frischhaltefolie und lasse ihn eine halbe Stunde im Kühlschrank ruhen.
• Inzwischen putze ich den Rhabarber, falls nötig, schäle ich ihn. Ich schneide die Rhabarberstangen in Stücke und bestreue sie mit Zucker.
• Den Teig rolle ich zwischen Klarsichtfolie aus, lege eine gefettete Tarteform (28 Zentimeter Durchmesser) damit aus und verteile den Rhabarber darauf. Für den Guss schlage ich Eier und Zucker mit dem Handrührgerät auf. Ich rühre dann die Sahne und zum Schluss die Mandeln unter und gebe den Eierguss auf den Rhabarber.
• Den Backofen habe ich schon auf 175 Grad vorgeheizt (Umluft 150 Grad, Gas Stufe 3) und schiebe nun die Tarteform hinein. Ich backe meine Tarte etwa eine Stunde. Falls sie zu dunkel wird, decke ich sie zwischendurch mit Backpapier ab. Einfach und genial!

FÜR 12 STÜCKE *Foto Seite 153*

Teig: 200 g Mehl • 100 g Butter • 1 TL Backpulver • 60 g Zucker • 1 Ei • 2 EL Öl • 2 EL Sahne • etwas Butter für die Form
Belag: 300 g Rhabarber (geputzt) • 1–2 EL Zucker
Eierguss: 2 Eier • 60 g Zucker • 150 g Sahne • 1 EL gemahlene Mandeln

»Meine Gäste
zu verwöhnen
ist für mich das
Allerschönste
von der Welt!«

Schatzsucher: Lea Linster,
Sommelier Aurélien Lion

»Meine Schatzkammer«

Zum guten Essen gehört guter Wein. Mein Sommelier Aurélien Lion hütet unseren Weinkeller und hat stets die besten Empfehlungen für die Gäste

Den Weinkeller in Frisange habe ich ganz aus Naturstein bauen lassen, für ein perfektes Klima. Dort lagern bestimmt 500 verschiedene Weine aus allen großen Anbaugebieten der Welt. Meine besondere Vorliebe gilt dabei dem Riesling – schließlich wächst er hier direkt vor unserer Haustür, auf der luxemburgischen und der deutschen Seite der Mosel. Ich liebe seine Leichtigkeit, seinen konzentrierten Geschmack und seine fröhliche Säure. Und ich bin sehr froh, dass es ihn heute in solch herausragenden Qualitäten gibt: trocken ausgebaut, als Spätlesen mit kleiner Restsüße und natürlich auch als wundervolle edelsüße Auslesen.

Als Alice Hartmann noch lebte, die Grande Dame unter den luxemburgischen Winzern, war der Weineinkauf immer ein Erlebnis. Ihre Rieslinge gehörten zu den feinsten der Mosel. Nur etwa 20 000 Flaschen produzierte sie im Jahr, die wurden von ihr persönlich nach Lust und Laune an ihre Kundschaft verkauft. Wer ihr nicht gefiel, brauchte nicht einmal daran zu denken, auch nur eine einzige Flasche zu ergattern! Sie konnte es sich leisten: Ihr Wein sprach für sich. Einmal im Jahr lud sie mich zum Essen mit Weinprobe, immer zusammen mit einem oder mehreren ihrer Kunden. So werden Weine heute nicht mehr vergeben, aber um die wirklich guten Tropfen muss man sich ganz schön bemühen. Ich mag immer noch die ausgezeichneten Weine der Domaine Hartmann. Und die von Annette Köwerich, die wie ich zu den »Vinissima«-Frauen gehört, schätze ich sehr. Mein Sommelier Aurélien Lion sorgt dafür, dass unser Keller immer bestens bestückt ist, auch mit den großartigen Rotweinen aus dem Bordeaux und dem Burgund. Und er liebt es sehr, unsere Gäste zu beraten, damit sie ihr Essen noch besser genießen können.

Lea Linsters Lieblingsweine

Champagner: *Gosset brut excellence, grand rosé und grand millésime*
Crémant: *Crémant Alice Hartmann, Wormeldange*
Riesling: *2006 Les Terrasses de la Koeppchen, Domaine Alice Hartmann, Wormeldange*
Auxerrois: *1999 Clos du paradis, Aly Duhr, Ahn*
Pinot gris: *2005 Domaine et Tradition, Domaine Mathis Bastian, Remich*
Riesling: *2006 Wiltinger Gottesfuß, van Volxem/Saar*
Riesling Spätlese: *2004 Laurentiuslay, Annette & Nick Köwerich, Leiwen/Mosel*
Bordeaux: *1989 Château Haut Brion*
Burgunder: *1999 Vougeot Grand Cru*
Eau de Vie: *Mirabelle von Josy Zenner, Schwebsange*

Koch-Chinesisch

• Blanchieren
Gemüse etwa eine Minute in sprudelndem Salzwasser kochen, sofort in Eiswasser abschrecken.

• Flambieren
Z. B. Cognac wird in eine Kelle gegossen, darin angezündet und über Fleisch oder auch Desserts gegeben. Bitte nie direkt aus der Flasche!

• Karamellisieren • Montieren
Soße mit Butter binden. Die Butter wird dafür in kleine Stückchen geschnitten und muss eiskalt sein, wenn sie in den Topf kommt.

• Nappieren
Soße wird gleichmäßig über Fisch oder Fleisch gegeben, das auf (vorgewärmten) Tellern angerichtet ist.

• Passieren
Soßen, Fonds, Früchte gießt oder streicht man durchs Haarsieb, um alle festen Teile rauszufischen.

• Pochieren
Gemüse, Eier oder Fisch ziehen bei kleiner Hitze im Wasser oder Fond gar (knapp unter dem Siedepunkt).

• Reduzieren
Flüssigkeiten (Fonds, Soßen) werden bei großer Hitze im offenen Topf eingekocht, damit der Geschmack und die Konsistenz stimmen.

• Sautieren
Gemüse oder Pilze in schäumender Butter kurz auf den Punkt garen, dabei die Kasserolle oder Pfanne immer schön schwenken.

Perfekte Gastlichkeit, die nie steif wirkt: Lea Linsters Restaurant im luxemburgischen Frisange (oben) und das »Kaschthaus« im Nachbarort Hellange (unten)

Das Paradies liegt in Frisange/Luxemburg: Spitzenköchin Linster hat dort ihr Restaurant LEA LINSTER CUISINIÈRE, das seit vielen Jahren mit einem Michelin-Stern ausgezeichnet ist. Es ist von Mittwoch bis Freitag nur abends geöffnet, Samstag und Sonntag mittags und abends: 17, route de Luxembourg, Tel. 003 52/23 66 84 11, Fax 23 67 64 47, www.lealinster.lu. Bitte bestellen Sie einen Tisch vor, wenn Sie dort essen möchten. Lea Linsters Zweitrestaurant ist das kleine LETZEBUERGER KASCHTHAUS, in dem luxemburgisch gekocht wird. 4, route de Bettembourg in Hellange, Telefon und Fax 003 52/51 65 73

KONZEPTION: Susanne Mersmann, Burgunde Uhlig
REZEPTE + PRODUKTION: Burgunde Uhlig
TEXTE + REDAKTION: Lea Linster, Susanne Mersmann
FOTOS: Thomas Neckermann
ART-DIRECTION, LAYOUT + SATZ: Christiane Kapaun
FOOD-STYLING: Uschi Hussmann-Dilger
SCHLUSSREDAKTION: Uta Kleimann

UMSCHLAGGESTALTUNG: Eisele Grafik-Design, München
UMSCHLAGFOTO: Thomas Neckermann
HERSTELLUNG: Gabriele Kutscha
LITHO: dietner PrePrint-Produktion, München
DRUCK + BINDUNG: Mohn Media Mohndruck GmbH, Gütersloh
ISBN: 978-3-453-28510-1
http://www.diana-verlag.de

Umwelthinweis: Dieses Buch wurde auf chlor- und säurefreiem Papier gedruckt.

Das Buch-Team (von links): Thomas Neckermann (Fotos), Burgunde Uhlig (Rezepte + Produktion), Susanne Mersmann (Texte), Uschi Hussmann-Dilger (Styling) und Christiane Kapaun (Layout)

Brigitte-Buch im Diana Verlag

Printed in Germany 2007

LEA LINSTER
CUISINIERE
Avec Amour